fazendo as pazes com a ansiedade

NA
CIO
NAL

fazendo as pazes com a ansiedade

blenda marcelletti de oliveira

prefácio de sérvulo augusto figueira

Diretor-presidente:
Jorge Yunes
Gerente editorial:
Luiza Del Monaco
Editor:
Ricardo Lelis
Assistente editorial:
Júlia Tourinho
Suporte editorial:
Juliana Bojczuk, Letícia Hashimoto
Estagiária editorial:
Emily Macedo
Coordenadora de arte:
Juliana Ida
Designer:
Valquíria Palma
Assistentes de arte:
Daniel Mascelani, Vitor Castrillo
Gerente de marketing:
Claudia Sá
Analistas de marketing:
Flavio Lima, Heila Lima
Estagiária de marketing:
Carolina Falvo

1ª edição – São Paulo

Preparação de texto:
Bia Nunes de Sousa
Revisão:
Augusto Iriarte
Diagramação:
Marcos Gubiotti
Projeto de capa:
Angelo Bottino

DADOS INTERNACIONAIS DE CATALOGAÇÃO NA PUBLICAÇÃO (CIP) DE ACORDO COM ISBD

O48f Oliveira, Blenda Marcelletti de

Fazendo as pazes com a ansiedade / Blenda Marcelletti de Oliveira. - São Paulo, SP : Editora Nacional, 2022.
168 p. ; 14cm x 21cm.

ISBN: 978-65-5881-102-2

1. Literatura brasileira. 2. Não ficção. I. Título.

2022-693 CDD 869.8992
CDU 821.134.3(81)

Elaborado por Vagner Rodolfo da Silva - CRB-8/9410

Índice para catálogo sistemático:

1. Literatura brasileira 869.8992
2. Literatura brasileira 821.134.3(81)

NACIONAL

Rua Gomes de Carvalho, 1.306 – 11º andar – Vila Olímpia
São Paulo – SP – 04547-005 – Brasil – Tel.: (11) 2799-7799
editoranacional.com.br – atendimento@grupoibep.com.br

Aos meus netos e netas
Jack, Martin, Noah, Luisa, Olivia e Henrique

SUMÁRIO

PREFÁCIO

Exatamente quando a ansiedade já tomou conta do mundo, e só promete continuar a crescer, a nossa relação com ela dificilmente poderia estar sendo mais incompetente.

É neste contexto que o livro de Blenda Marcelletti de Oliveira surge e tem, com certeza, enorme relevância. O título *Fazendo as pazes com a ansiedade* é uma solução feliz para dar conta desta experiência da ansiedade que é, ao mesmo tempo, concreta e abstrata. Somos guiados - em geral, sem saber - por imagens e metáforas da nossa linguagem cotidiana. Através desta imagem tão comum (fazer as pazes), a autora subverte a nossa relação dominante com a ansiedade. Queremos sempre, e pelos mais diversos meios, controlar, eliminar, diminuir, superar, transcender a ansiedade - e isso simplesmente não funciona.

Através do *Fazendo as pazes*, Blenda cria um espaço metafórico ao propor que a ansiedade seja mapeada, conhecida e aceita. A ansiedade tem que ser integrada como uma parte da nossa vida com a qual vamos ter que nos entender, e estabelecer parcerias baseadas em algum tipo de aceitação, num eterno jogo de ganha-ganha.

A partir da minha leitura, e radicalizando a ideia do livro, penso que querer eliminar a ansiedade é, no fundo, tão impossível quanto tentar eliminar a força da gravidade ou a respiração. Isso porque nós não temos ou sofremos de ansiedade... *nós somos ansiedade.*

No início do século passado, Freud publicou a análise de um sonho de uma paciente jovem que ajuda a entender o que aconteceu com o domínio da ansiedade. Depois do enterro recente de uma irmã, ela sonhou que uma segunda irmã havia morrido e o enterro era iminente. Perguntada por Freud como se sentia no sonho, ela respondeu que estava tranquila. Este estado afetivo indicou para Freud que o trabalho de camuflagem do sonho havia sido bem-sucedido, pois esta imagem de morte não estava sendo cercada de ansiedade. A descoberta na análise foi que, na verdade, ela havia visto no enterro um rapaz das relações de sua família que ela não conhecia e ficara atraída por ele. Mas, como esse sentimento de atração era proibido para uma mulher da sua condição social, ainda mais numa situação triste de morte, ela não poderia tomar plena consciência disso. Produziu então este sonho para, imaginária e inconscientemente, rever o rapaz. Para Freud, este, assim como todos os sonhos, é a representação distorcida da realização do desejo infantil inconsciente recalcado. Assim, a situação de conflito interno foi sendo equilibrada através do sonho, que atendeu a um só tempo ao desejo e à censura.

Com as mudanças em todas as esferas da sociedade, principalmente após a Primeira Guerra Mundial, os sistemas morais foram sendo deslocados. A consciência foi ampliada e cada vez mais escancarada graças aos meios de comunicação e à tecnologia. O problema atual não é mais essa repressão que Freud tão bem descreveu. Estamos dominados por um conjunto: pelo *excesso traumatizante de consciência, pela constante antecipação de futuros potencial-*

mente perigosos e pelo medo decorrente dela – tudo isso gerando a crônica ansiedade em que estamos mergulhados.

Assim, como mostra Blenda por vários caminhos que vão do estilo acadêmico (mas o livro não deve ser lido por este ângulo) ao de autoajuda (aqui, o mesmo pode ser dito), não é possível ajudar efetivamente alguém a mudar se as relações com a ansiedade não passarem por uma revisão. Nesta, a conscientização e o mapeamento das experiências perturbadoras têm que ser feitos na direção do "fazer as pazes".

Mas agora, para encerrar, três desenvolvimentos que o livro autoriza.

Primeiramente, há pessoas que podemos chamar de "zero ansiedade", pois ou parecem muito calmas e compostas, ou relatam não sentir ansiedade. Apesar disso, ao observá-las, vemos que elas têm uma vida e uma história que não se entende sem recorrer à hipótese de que foram – e são – movidas pela ansiedade, e, com frequência, em níveis elevados. A ansiedade é um sintoma consciente, mas pode não estar presente deste modo, pois as ansiedades mais importantes são sempre inconscientes. Assim, sair do estado de "zero ansiedade" é o passo fundamental caso se deseje alterar algo de mais substância na vida.

Em contraste com este zero, temos o "cem por cento de ansiedade". Há pessoas que estão quase sempre neste estado e que vivem uma vida em que a ansiedade entra de um modo predefinido: assim como um computador roda um programa antivírus *assim que você o liga*, a ansiedade entra em cena assim que elas acordam.

Mas, de maneira bem paradoxal, sofrer ansiedade é, psiquicamente falando, um luxo... pois a ansiedade *está sempre lá*... Por mais que incomode, você pode contar com ela, ela não o abandonará. Como uma mãe devotada, a ansiedade pode parecer deixá-lo desamparado no começo, mas no fim sempre o ampara, pois é confiável e previsível.

Tudo o que incomoda de forma crônica (dores, relações abusivas, doenças autoimunes, fobias, pânico, dependências em geral) tem um papel estruturante, pois é um sofrimento programado e previsível. Mas trata-se de uma defesa que pode matar você de diversas formas. Uma vez por acaso ouvi de um asmático grave: "Já quase morri três vezes, mas a asma está *sempre lá*".

Finalmente, as elaborações deste livro permitem arriscar um salto que pode ser útil: a ansiedade como religião. Em 1933, Freud tentou distinguir a ciência psicanalítica da visão de mundo (*Weltanschauung*) religiosa e ideológica. Ele assim definiu *Weltanschauung*:

> uma construção intelectual que soluciona todos os problemas de nossa existência, uniformemente, com base em uma hipótese superior dominante, a qual, por conseguinte, não deixa nenhuma pergunta sem resposta e na qual tudo o que nos interessa encontra seu lugar fixo. Facilmente se compreenderá que a posse de uma *Weltanschauung* desse tipo situa-se entre os desejos ideais dos seres humanos. Acreditando-se nela, pode-se sentir segurança na vida, pode-se saber o que se procura alcançar e como se pode lidar com as emoções e interesses próprios da maneira mais apropriada.

Em 1989, em um congresso internacional de psicanálise em Roma, apresentei um trabalho aprofundando e flexibilizando esta definição de Freud, de modo a ampliar sua aplicação a outras dimensões da vida.

Assim, os sistemas que não têm início nem fim, que *estão sempre lá*, e que são capazes de *dar respostas para tudo* entram na categoria religião, e historicamente tomam, pelo menos em parte, o lugar e a função que ela ocupava. A "ciência", as ideologias, as redes sociais, o streaming, o entretenimento infinito da Netflix, a busca pela atenção de seguidores e o seguir ambivalente destes... tudo isso cai na categoria Visão de Mundo, religião. O mesmo acontece com o infinito da ansiedade.

Sérvulo Augusto Figueira
Psicanalista pela British Psychoanalytical Society e Doutor em Psiologia Social pela London University

INTRODUÇÃO

Estava, num domingo ensolarado, passeando com minha neta de 2 anos, uma menina esperta que adora ficar no carrinho, apreciando os ônibus que iam e vinham pela rua. A cada ônibus que passava, ela gritava a cor: "Ônibus verde! Vermelho! Laranja! Vermelho!". Seus olhos brilhavam, suas mãos balançavam, ela levantava e respirava fundo como se um frio na barriga tomasse conta dela. Minha neta mostrava certa ansiedade? Sim, uma ansiedade que move a curiosidade, a espera de algo bom, o conhecimento e o aprendizado.

A ansiedade nem sempre é um mau sinal, nem sempre precisa ser combatida. Ela pode ser agregada à nossa existência desde muito cedo. A ansiedade pode impulsionar, empurrar, ser o fósforo que, riscado, causa uma combustão que nos joga no mundo. A experiência de felicidade da minha neta, aquele pinguinho de gente, traz junto certa ansiedade. Sim, estar feliz, no caso dela, também acelera a respiração e faz o coração bater mais rapidamente. Ela ainda não sabe, mas o momento passa, e a vida tem esse componente de fragilidade, de efemeridade que nos leva, aqui e ali, a estarmos envolvidos no caldo da ansiedade.

E que vem a ser essa ansiedade? É possível não ser ansioso? Foi possível em algum momento histórico? A agonia do presente e de um futuro cada vez mais difícil de imaginar nos aproxima de estados de imensa ansiedade. A fragilidade humana, vida e morte como condições de qualquer natureza, em contraposição à oferta imensa de recursos para "combater" a ansiedade, nos transforma, cada vez mais, em seres perdidos em busca de algo que nos acalme da agonia da vida.

A minha neta vive uma boa ansiedade. Não conhece a dimensão futura. Esperar o ônibus chegar é o aqui e agora, não vem depois. Já está na sua esperança e na sua imaginação.

Por onde anda a minha ansiedade?

Quando recebi o convite para escrever este livro, achei que a tarefa fosse fluir com facilidade. Que nada! As ideias vinham e iam, cada página escrita e reescrita era como um bando de borboletas batendo asas no estômago. Uma mistura de excitação com a preocupação em oferecer um bom conteúdo, em não ser repetitiva diante da abundância de coisas escritas, faladas e propagadas sobre ansiedade.

Escrever sobre algo que é declarado como um grande mal, porém a partir de um olhar menos parcial e com dados reais dos nossos tempos, não foi tarefa simples. É difícil encontrar aspectos saudáveis em algo que é considerado a causa de tantos transtornos psíquicos e existenciais. Pouco a pouco, fui me dando conta de que a ansiedade é presença certa em nosso dia a dia. Para alguns, um problema maior; para outros, menor; mas sempre ali, presente. Sendo assim, quando algo é parte da nossa existência - e não necessariamente precisa se tornar um transtorno -, podemos aprender a conviver com isso e fazer da ansiedade uma parceira que nos conta algo importante, embora nem sempre saibamos ouvi-la, acalmá-la ou perceber o significado que ela quer nos informar.

Quando penso numa imagem que traduza a ansiedade em seu funcionamento mais intenso, lembro dos televisores antigos que saíam do ar devido à quantidade de sinais que entravam, pois não havia ainda equipamento suficiente para decodificá-los. A ansiedade, sem dúvida, nos põe na vida, nos faz marchar em direção aos nossos objetivos. Sem ela, o homem teria feito pouco pela humanidade. Contudo, ao mesmo tempo, ela gera em nós o desafio de saber como delimitá-la, manuseá-la e revertê-la a nosso favor, antes de se tornar um transtorno que necessite de intervenção médica.

Durante a preparação deste livro, não foram poucas as vezes que parei por dias, sem saber como continuar. Não foram poucas as vezes que meu foco saía de cena, e lá estava eu lendo os livros sobre o tema, assistindo a vídeos, *lives*, buscando mais informações. As borboletas me acompanhavam, em seus voos rápidos dentro de mim. Fora as noites quando ia dormir, sonhava, em seguida perdia o sono e ficava pensando no que escrever, como fazer e, não raro, achava que não tinha nada de muito novo para oferecer.

Produzir um trabalho acadêmico, em alguns momentos, pode ser um pouco mais fácil. Sempre que temos um conjunto de regras para seguir, limites bem estabelecidos e uma linguagem a ser respeitada, tudo fica mais conhecido e temos uma ideia de um trabalho com começo, meio e fim.

Quando escrever passa pela experiência pessoal, pela liberdade de colocar no papel as próprias ideias, mesmo que algumas se inspirem em ideias de outros, uma inevitável inquietação surge, e convém manejá-la, administrá-la e torná-la positiva no sentido de tirar dela a energia que impulsiona na direção da realização da jornada.

Diria que essa é uma ansiedade com sentido produtivo. Veremos que há muitas cores e formas para a ansiedade. Cada pessoa tem sua maneira de conviver com a angústia, usando-a para diferentes finalidades. Umas, para transformar a vida dos outros em algo de difícil administração; outras, para levá-los por caminhos de crescimentos e descobertas.

Cada vez que eu iniciava um capítulo, a ansiedade se renovava. Às vezes, vinha em forma de pressa e de sofreguidão. Outras, acompanhada de certo medo de não dar conta da tarefa e de certa dúvida quanto ao valor de continuar escrevendo sobre um tema que nunca foi tão cantado, estudado, falado e sentido pela maioria de nós.

Escrever um livro sobre ansiedade, em plena pandemia e no Brasil, é quase escrever sobre cada minuto que vivemos, em que somos surpreendidos com um número imenso de casos, tocados pela morte que nos amedronta. Sim, neste momento, escrever sobre essa temática é chamá-la para muito perto, pedir que, por uns instantes, se sente ao meu lado e me dê um tempo para respirar e seguir. Uma espécie de imersão no assunto e a necessária volta à tona quando tudo parece insuportável.

Sempre senti a presença da ansiedade em minha constituição. As demandas da minha vida foram tantas que fui arrebatada pela ansiedade que olhava lá para frente e, ao mesmo tempo que cultivava a esperança de um futuro, era atormentada pela ideia de que talvez, em algum momento, eu não fosse dar conta de tudo.

Não obstante, a mesma ansiedade que me assustava também me empurrava para frente. Uma vez, um grande amigo me disse: "Não se intimide com a ansiedade. Siga com ela, coloque-a ao seu lado e continue. Ela só haverá de desaparecer a cada conquista finalizada".

Atualmente, talvez a ansiedade seja um dos temas mais discutidos. Quase todos dela se queixam, dela querem uma "cura", dela obtêm desconforto. Poucas vezes se fala dessa angústia como parte da vida individual e da vida no mundo contemporâneo. Transformar a ansiedade em um livro é uma tentativa de lhe dar um lugar mais amigo, conselheiro e sinalizador de mudanças que nem sempre poderiam ocorrer sem os traços dessa energia veloz, que faz bater acelerado o coração e voarem as borboletas no estômago.

Ansiedade nos tempos de hoje

Falar de ansiedade é falar da vida. Desde a primeira existência do homem sobre a Terra, ela esteve aí, intensa e pulsante. A partir do início da Pós-Modernidade, no século XX, surgem movimentos de mudanças de paradigmas, conceitos e modos de estar e ser no mundo. Há uma desconstrução ou uma continuação das mudanças que se iniciaram na Modernidade. Mais adiante, falarei de forma detalhada sobre esse período que vivemos até agora.

Entender a ansiedade como uma espécie de caldo em que inexoravelmente todos estamos imersos é abandonar o olhar apenas psicopatológico que classifica quase todas as suas manifestações sob a denominação de transtorno de ansiedade. A ansiedade é a vida que levamos e talvez, se pudermos fazer um recorte mais real, possamos lidar com ela como parte do viver e transformá-la naquela força motriz que nos impulsiona a caminhar para frente em busca de mais sentido e de um lugar no mundo.

Faz pouco tempo que a ansiedade, como fenômeno do comportamento humano, foi identificada e incluída no rol dos transtornos psiquiátricos. No tempo dos meus avós, ou na juventude dos meus pais, raramente alguém dizia: "Estou ansioso". É bastante recente a categoria da ansiedade como unidade de estudo e atenção.

Mas este não é um livro de dicas ou que vai trazer "dez formas de combater a ansiedade"; pelo contrário, busco aqui compreendê-la e trazê-la para o nosso convívio íntimo, decodificando o que a ansiedade tem a dizer sobre nós, sobre nosso viver, e como instrumentalizá-la para que se torne uma aliada no processo do autoconhecimento, do conhecimento do outro e do entorno onde estamos inseridos.

A ansiedade se torna visível ao sujeito, como algo interno, quando o próprio sujeito é recortado como unidade independente do contexto. Sob as mais diversas abordagens - antropológica, filosófica, religiosa, médica e psicológica -, a ansiedade faz parte do dia a dia de especialistas que observam a forma intrigante dessa inquietação humana, para buscar novos entendimentos sobre esse sentimento que acompanha a humanidade.

Interessante observar que, na relação do homem com Deus em textos bíblicos, é presente a busca daquele que pode nomear e acalmar a ansiedade: "Quando estou oprimido pela angústia, teu conforto me consola" (Salmos 94:19); "Mas eu, quando estiver com medo, confiarei em ti" (Salmos 56:3). Nos tempos pré-modernos e nos atuais, a relação com Deus e com a espiritualidade era e ainda é um recurso para lidar com momentos de sofrimento provocados pelo excesso de inquietação. Nem sempre a pessoa consegue encontrar dentro de si as respostas.

Como se observa, é antiga a relação do homem com a ansiedade, a angústia - e por ora trato ambas como termos equivalentes. Desde sempre, o sujeito se pergunta: "O que há comigo?". Claro, ainda na dependência do divino, de Deus, o homem entendia que não contava apenas consigo mesmo, havia um poder maior e superior a ele. Era de Deus que viria o consolo e também o castigo.

É na Modernidade que o homem começa a se entender como indivíduo e, aos poucos, faz a tentativa de uma alfabetização emocional, conhecendo uma vida interior não só religiosa. Pergunta a Deus, mas igualmente pergunta a si: "O que ocorre comigo? Tenho medo do que virá. O que fazer?".

A cada catástrofe experimentada pela humanidade, aumenta a inquietação quanto ao futuro, ao lugar que se ocupa, aos papéis desempenhados. E o homem moderno vai conhecendo as crises não só sociais e políticas, como as crises individuais previsíveis e imprevisíveis. Se antes a maior crise existencial era entre o homem e Deus, agora o homem tem dúvidas e experimenta desconstruções no seu desempenho como trabalhador, pai, mãe e sujeito social que cria, decide, mas não controla.

Desde o momento da Revolução Industrial (início da Modernidade) e o século XX, com a Pós-Modernidade, a percepção alterada do sujeito em relação a si mesmo, bem como da mudança de sua posição dentro da sociedade, dá origem a um aumento significativo da ansiedade.

A ansiedade é o tema dos nossos tempos e continuará sendo, pois as condições que formatam a nossa sociedade como tal - exigência de produtividade, eficácia e sucesso - se manterão. Aqui a ansiedade será tratada a partir das relações sociais, familiares e profissionais, entre outras. Faremos uma breve descrição de uma série de situações do nosso dia a dia que são ansiogênicas, ou seja, podem ser geradoras de ansiedade.

Há inúmeras formas de tratar do tema, a começar pelo ponto de vista clínico, a partir de problemas neurológicos, síndromes e alguns quadros de doença física. Outro caminho para entender a ansiedade é olhá-la sob o aspecto da psicologia, que, por exemplo, vê a ansiedade se originar de traumas ou do modo como cada um se desenvolveu desde a infância, na relação com os pais e/ou cuidadores, como acredita a psicanálise. Há também o caminho da sociologia, o da história e o da filosofia.

O objetivo deste livro é percorrer um pouco desses caminhos, já que, como psicanalista e psicoterapeuta, creio que a formação de qualquer pessoa é psicológica, biológica, sociológica e, sem dúvida, está inserida no caldo do momento histórico. Somos a convergência de todos esses aspectos, que fazem do viver um ato continuamente complexo, surpreendente e inesperado.

Aproveito para ressaltar que não é a intenção deste livro discutir aspectos psicopatológicos da ansiedade, assim como os seus transtornos. Colegas da psiquiatria e da neurociência fazem isso com maior competência e com o detalhamento que o tema sugere. Ressalto também que não estou promovendo nem louvando a ansiedade. Ela não é uma dádiva! Apenas, na medida certa, pode ser excelente veículo de comunicação sobre o que se passa dentro e fora de nós. Pode nos dar pistas importantes daquilo a que precisamos estar atentos ou ser um excelente disparador para agir e estar no mundo de forma viva e colaborativa. Claro, em excesso, é insalubre.

Assim, espero que você, caro leitor, possa ter uma ideia do que a ansiedade exige daqueles que lidam com ela e possa adotar um olhar diversificado e aberto para compreender que estamos, já há algum tempo, na Era da Ansiedade. A cada dia que passa, temos que lidar com mudanças rápidas, bruscas e incompreensíveis, ao menos no primeiro momento. Como somos dotados de percepções, emoções, sentimentos e conjuntos de crenças que definem nosso modo de ser e de estar no mundo, a velocidade das mudanças externas nem sempre coincide com o ritmo das mudanças internas. Às vezes, tenho impressão de que cada um de nós é um imenso barco a vela, fazendo mudanças ininterruptas a cada sinal de mudança na direção do vento.

A ANSIEDADE AO LONGO DA HISTÓRIA

A extinção é a regra. A sobrevivência é a exceção.
Carl Sagan, *Variedades da experiência científica*

No século XVII, o filósofo e matemático Blaise Pascal já sinalizava a presença desse afeto que invade nossa alma e nos desespera em tantos momentos. Ele dizia: "O último esforço da razão é reconhecer que existe uma infinidade de coisas que a ultrapassam".

Queremos controlar tudo a partir da razão, encontrar as leis que regem os acontecimentos para conseguir prevê-los e prevenir-nos, mas diariamente nos deparamos com o acaso que pode nos fazer fracassar em todos os nossos recursos de controle e aí surge o afeto da ansiedade. Mais adiante, definiremos com maior precisão a ansiedade, mas primeiro vamos até o surgimento do *Homo sapiens*.

Uma visita às savanas, seus leões e mamutes

Ao longo da história, a humanidade foi se transformando e adquirindo maior liberdade no ir e vir. Embora hoje boa parte de nós não more em florestas ou savanas e não precise sair para caçar sem saber se voltaremos vivos para casa ou não, herdamos de nossos ancestrais a marcação cerebral de reação de medo, um sistema acionado todas as vezes que nos sentimos em perigo.

A neurofisiologia diz que a mensagem de perigo é enviada para a glândula suprarrenal, que rapidamente produz adrenalina e cortisol, alterando nosso batimento cardíaco, dilatando as pupilas, acelerando a respiração e aumentando a circulação sanguínea de forma que nossos músculos estejam prontos para o movimento de fuga. Com certeza, não nos damos conta dessa operação tão complexa, cravada no nosso DNA por nossos ancestrais, aqueles que, no peito e na raça, seguraram o touro pelo chifre para não serem devorados por ferozes animais.

Graças a esse instinto, ou seja, a partir de certa ansiedade e medo, a espécie humana conseguiu sobreviver, criar descendentes e formar gerações. O medo, irmão mais objetivo da ansiedade, teve papel protetor lá no início da nossa caminhada na Pré-História. Podemos afirmar que até hoje, se tivermos que atravessar a rua, dirigir numa estrada à noite, com chuva e neblina ou em outras circunstâncias ameaçadoras, nosso sistema de reação de medo é rapidamente acionado como se estivéssemos nas savanas, atentos aos barulhos e às aproximações de animais ferozes. Portanto, a ansiedade e o medo sempre foram e são essenciais para que possamos avaliar situações e cuidar de nós mesmos e dos que estão ao nosso redor.

Em seu livro *Sapiens* (2015), o professor de História Yuval Noah Harari faz um estudo minucioso dos tantos humanos que habitaram a Terra. Importante frisar que ele distingue humanos de *Homo sapiens*. Humanos formam o grande grupo ao qual pertencemos e no qual o *Homo sapiens* não existe separado dos animais e destituído de primos, irmãos ou, o mais importante, pai e mãe. Gostemos ou não, somos membros da grande e ruidosa família dos grandes primatas. Nossos parentes incluem gorilas, orangotangos e chimpanzés, estes os mais próximos.

Segundo Harari, o significado de humano é "pertencente ao gênero *Homo*". É importante lembrar que o humano surgiu na África Oriental há cerca de 2,5 milhões de anos. Durante esse tempo, homens e mulheres deixaram sua terra natal para se aventurar e se assentar na África do Norte, na Ásia e na Europa. Cada grupo de migrantes humanos deu origem a várias espécies distintas de *Homo*, por exemplo, o *Homo neanderthalensis*, o *Homo erectus* e o *Homo sapiens*, entre outros.

A evolução dos humanos propiciou o desenvolvimento do cérebro, cujas dimensões foram variando para que, no momento de manter o corpo em pé, fosse possível tolerar o peso da cabeça. Andar sob duas pernas mudou significativamente a visão de esquadrinhamento que esses homens e mulheres desenvolveram para sua sobrevivência nas savanas, em busca de animais, mas se adaptar a uma posição ereta foi um grande desafio, sobretudo para sustentar um crânio extragrande. Até hoje pagamos o preço de ter uma visão elevada e mãos habilidosas com dores nas costas e rigidez no pescoço.

Essa digressão muito breve sobre a evolução dos humanos e o surgimento do *Homo sapiens* tem como objetivo mostrar as inúmeras adaptações, modificações, desafios, enfrentamentos e mortes precoces que a espécie humana teve com que se haver para chegar até aqui.

Às mudanças físicas e comportamentais pelas quais os *Homos* passaram na busca de adaptação para sobrevivência e reprodução, segue-se uma das mais importantes aquisições: a linguagem, provinda de mutações genéticas acidentais que formaram e mudaram as conexões internas do cérebro do *sapiens*. Harari mostra que a conquista de linguagem única e específica talvez possa explicar a conquista do mundo pelo *Homo sapiens*, condenando ao esquecimento todas as outras espécies humanas, como, por exemplo, os neandertais.

O surgimento da linguagem passa a ser fundamental não só para avisar sobre leões, leopardos e hienas, mas também para os humanos se comunicarem. É a linguagem que inaugura a cooperação social para a sobrevivência e a reprodução. Para os grupos, torna-se fundamental saber quem odeia quem, quem está dormindo com quem, quem é honesto e quem é trapaceiro.

A linguagem específica e única do *Homo sapiens* abre espaço para o contato com as emoções mais básicas como raiva, medo, alegria e surpresa. É a linguagem que cria a oportunidade para os bandos descobrirem a conversa sobre a realidade imediata e, ao mesmo tempo, sobre as coisas que não existem de fato.

Charles Darwin, no seu livro *A expressão das emoções nos homens e nos animais* (1872), aplica os princípios da seleção natural aos traços emocionais. Segundo o autor, se hoje, como espécie, exibimos um determinado padrão de respostas emocionais, como as observadas em contextos de medo e ansiedade, devemos isso ao fato de estas provavelmente terem constituído importantes características que garantiram a sobrevivência dos nossos ancestrais e favoreceram a evolução da espécie humana ao longo dos anos.

Muito cedo, nossos ancestrais nos ensinaram o valor das emoções como comunicação. São elas constitutivas de nosso tecido mais humano e por onde o mundo é apreendido.

O processo evolutivo não está concluído e jamais estará enquanto existirmos. A sociedade humana passa por transformações contextuais sem precedentes numa velocidade cada vez maior. Os psicólogos evolucionistas – ramo da psicologia que entende os fatores comportamentais e psicológicos sob a ótica darwinista - consideram que os traços de ansiedade foram importantes e adaptativos para nossos ancestrais; hoje, são muitas vezes considerados um transtorno. A ansiedade pode, e provavelmente sempre pôde, desencadear respostas psicológicas e comportamentais amplamente disfuncionais, se ativadas com frequência ou na ausência de estímulos de fato ameaçadores.

Tomando como cenário as travessias feitas pelos diversos tipos de *Homos* que desbravaram inúmeros pontos da Terra em busca de um lugar para pertencer, sobreviver e construir, e considerando a teoria evolucionista de Darwin, a ansiedade é vista como um conjunto de respostas comportamentais, endócrinas e fisiológicas - como alerta e esquiva -, as quais foram selecionadas ao longo de nossa história evolutiva por sua função adaptativa de nos preparar e proteger contra estímulos potencialmente ameaçadores.

Ao contrário do dualismo cartesiano corpo-mente, a teoria darwinista concebe traços psicológicos como orgânicos e fisiológicos, sendo assim sujeitos às mesmas leis de adaptabilidade que regem a seleção natural de todas as demais características do organismo.

Todas as emoções acionam respostas orgânicas e fisiológicas e vice-versa. Por exemplo, a alegria e a sensação de segurança também aquietam a nossa fisiologia; já os ataques de pânico podem ser vistos como uma tentativa de alarme do organismo diante de uma ameaça (real, factual ou imaginada), via ativação das respostas de luta e fuga do sistema simpático do indivíduo. Em muitos casos, a intenção do disparo de pânico tem função protetora, em especial quando falamos de situações que envolviam a sobrevivência de nossos ancestrais. Hoje, podem envolver momentos em que precisamos nos proteger e cuidar, pois há um real perigo, como desastres, catástrofes naturais, assaltos e acidentes etc.

A vida dos nossos ancestrais era dura. Aqueles que tiveram maior êxito em sobreviver e gerar descendentes foram aqueles que acreditaram quando o corpo emitia um sinal de perigo e tomavam o alarme como verdadeiro, exigindo antecipação às ameaças de perda. Os mais ansiosos tiveram maiores oportunidades de sobreviver.

A teoria evolucionista de Darwin sublinha que todo processo de adaptabilidade prevê variabilidade, ou seja, modifica-se de acordo com o contexto sócio-histórico. Hoje, é raro que precisemos nos proteger de mamutes e leões, graças à revolução cognitiva. Com novas formas de pensar e de se comunicar, aumentou a capacidade de antecipação, entendimento e resolução de conflitos do *Homo sapiens*. A inteligência humana deu grandes saltos, construindo, ao longo dos séculos, uma percepção do mundo mais apurada. O homem, porém, continua mantendo os alarmes da ansiedade e do medo não só pelos fatos da realidade externa, mas também por motivos subjetivos.

Ansiedade e medo estão intimamente ligados: ambos são estados emocionais aversivos engatilhados por uma ameaça. Mas há diferença entre eles. O medo depende de uma situação que tem como característica uma lógica conhecida, é provocado por um estímulo imediato, aqui e agora; por exemplo, um assaltante armado. A ansiedade, por sua vez, pode ser disparada unicamente por pensamentos ou uma ameaça futura, que poderá ou não se concretizar; por exemplo, andar à noite por uma rua escura. Nesse caso, a ansiedade não está necessariamente atrelada a um evento físico e externo.

Nas savanas, com suas grandes planícies, poucas árvores e muita vida animal, os humanos viviam vulneráveis aos ataques de leões, hienas, cobras, leopardos e toda sorte de bichos ferozes. Nossos antepassados se preocupavam dia e noite com a sobrevivência, contudo tinham que enfrentar outra ameaça não menos pior: a fome. Os nossos irmãos não tinham qualquer recurso que não fosse destinado unicamente para atender ao instinto da sobrevivência. Nada mais interessava e nada mais havia de importante: sobreviver e obter alimento.

A ansiedade se transforma num transtorno: a visão médica

Nossa mente é propensa à ansiedade. Ela nos trouxe até aqui porque, num certo grau, é benéfica e protetora. Por diversas perspectivas, a ansiedade faz parte da condição humana e pode ser analisada ao longo da história nessas diferentes dimensões.

Neste capítulo, vou dar um panorama do momento em que o termo "ansiedade" passou a fazer parte da história da medicina e de como dela derivou-se o conceito de transtorno de pânico e sua influência na clínica médica contemporânea.

Relatos bíblicos mostram que os sintomas de medo excessivo eram atribuídos ao relacionamento com Deus e ao distanciamento deste. Já na Grécia Antiga, a ansiedade fazia parte do cotidiano da sociedade. Apesar de não existir uma palavra para denominá-la, outros sentimentos como melancolia, histeria e paranoia já eram definidos e vividos em sua plenitude, apesar de pouco compreendidos.

Na mitologia, por exemplo, Pã, o deus do bosque, dos campos, dos rebanhos e dos pastores, era temido por aqueles que necessitavam atravessar as florestas à noite. O deus Pã tinha uma aparência assustadora - metade homem, metade carneiro - e provocava gritos, sustos, medos, pavores e sofrimentos. Trevas, solidão marcavam as travessias daqueles que cruzavam as matas. De repente, eram tomados por pavores súbitos, desprovidos de qualquer causa aparente, com um ataque de pânico. Daí a origem da palavra "pânico".

Foi no início do século XVII que o termo "ansiedade" começou a ser usado na escrita médica sobre doenças mentais. Ainda não se falava em psiquiatria, já que essa palavra não se enquadrava na linguagem médica até Johann Reil criá-la em 1808.

O termo "ansiedade" surge para, inicialmente, fazer uma distinção entre os níveis normais vividos pela população em geral (por conta de desapontamentos no amor, preocupações financeiras ou problemas de saúde) e os níveis excessivos apresentados por pessoas que reagiam de forma mais intensa a eventos similares. O que hoje consideramos síndromes de ansiedade grave era vinculado a quadros depressivos.

Nos primeiros anos do século XIX, mudanças no campo da saúde mental foram importantes. Passou-se a cogitar que as doenças mentais não eram apenas causadas por fatores físicos, mas também psicológicos. Nesse período, já se estudava o medo de falar em público, a aversão a certos animais, a agitação excessiva, a angústia e a dificuldade para dormir, dando-se a esses sintomas explicações psicossomáticas. Via-se a possibilidade de que excesso de ansiedade e tristeza pudesse levar a alterações orgânicas.

Na França do início do século XIX, os ataques de pânico eram entendidos como crises agudas de angústia. Landré-Beauvais afirmava que as crises de angústia aguda eram um extremo mal-estar, inquietude e agitação excessiva. Tontura, taquicardia e inquietude eram sintomas vistos como decorrentes de doença neurocirculatória.

Até o século XIX, os sintomas de ansiedade eram relacionados em classificações médicas espalhadas em seções dedicadas a coração, orelha, intestino e cérebro. A ansiedade continuava sendo tratada como uma questão física, no sentido de que havia algum distúrbio somático relacionado ao transtorno de ansiedade.

Foi a partir de 1850 que observamos a tentativa de delinear os sintomas da ansiedade. As causas somáticas já eram plenamente aceitas, como evidenciavam todos os livros de medicina, então as causas psicológicas passaram a receber mais atenção. Só no final do século XIX é que o estudo da ansiedade passou a ter uma seção própria. Os sintomas foram reunidos em um novo conceito e passaram ao cuidado da psiquiatria, com base, inclusive, nos trabalhos de Sigmund Freud (1856-1939).

Freud e a neurose da angústia

Em 1890, Sigmund Freud escreveu um trabalho bastante difundido, considerado um divisor de águas na compreensão sobre um tipo específico de angústia: a neurose de angústia.

Para Freud, a neurose de angústia era resultado de uma condição reativa com origem em eventos da infância. Entre os sintomas, estavam irritabilidade geral, expectativa ansiosa e ataques de ansiedade. Na opinião dele, essas condições resultavam de um problema hereditário ou de uma excitação somática advinda de mau funcionamento do sistema nervoso, podendo estar associadas de diversas formas.

Associada à neurose de angústia, estava a agorafobia. Vale ressaltar que o que Freud chamava de agorafobia já tinha estreita relação com o que hoje denominamos ataque de pânico. O trabalho de Freud teve ampla repercussão, forte impacto na literatura médica e grande aceitação pelos psiquiatras por muitas décadas.

É possível comparar a introdução da neurose de angústia no cânone médico com a apresentação dos conceitos de Transtorno de Ansiedade Generalizada (TAG) e transtorno de pânico na terceira edição do *Manual de diagnóstico e estatística de transtornos mentais* (*Diagnostic and Statistical Manual of Mental Disorders*, DSM-III), publicado em 1968.

A ansiedade passou então a ser estudada com foco na mente humana. O pânico foi descrito pela primeira vez na psiquiatria. Um dos pioneiros da psiquiatria inglesa, Henry Maudsley (1835-1918), utilizou o termo "pânico melancólico" em 1879. Sua obra *Body and Mind* foi, inclusive, uma importante referência para o trabalho de Charles Darwin (1809-1882).

Ao fim dos anos 1940, após a Segunda Guerra Mundial, a necessidade de um consenso científico sobre a terminologia das doenças mentais ensejou a criação de um sistema mais abrangente de diagnóstico, por meio do Instituto Nacional de Saúde Mental (National Institute of Mental Health, NIMH). Dois anos mais tarde, a Organização Mundial da Saúde (OMS) publicou a sexta edição da Classificação Internacional de Doenças (CID-6), que, pela primeira vez, incluiu uma seção para transtornos mentais.

No início do século XX, a crença na hereditariedade das emoções e uma contínua ênfase nos aspectos biológicos da ansiedade influenciaram a compreensão acadêmica e médica dessa condição. Muitas pesquisas foram iniciadas acerca de um conceito pertinente, tais como os estudos sobre transtorno de ansiedade generalizada (TAG) e fobias específicas. Cada vez mais, a ansiedade perde o foco biológico como origem para ser uma busca da compreensão do ambiente como fator causador.

Em 1938, B. F. Skinner, um importante psicólogo e filósofo norte-americano, pai da escola behaviorista e da terapia comportamental, definiu a ansiedade como um conjunto de respostas condicionadas a eventos aversivos, ou seja, a ansiedade era vista como manifestações de respostas aprendidas. A terapia comportamental utiliza técnicas de exposição que se mostram eficazes para combater os sintomas de ansiedade.

Para Skinner, o principal desencadeador de transtornos emocionais, como a ansiedade, era o ambiente, diferente do que entendia Freud. Para a psicanálise, em linhas gerais, os transtornos derivavam do inconsciente; para Skinner, do ambiente. Ambos foram decisivos no desenvolvimento e tratamento dos transtornos psiquiátricos e, mais especificamente, da ansiedade.

Só no século XX, a clínica psiquiátrica passou por um momento histórico importante, quando o conceito de ansiedade teve sua classificação incluída no DSM, organizado pela Associação Americana de Psiquiatria (American Psychiatric Association, APA).

A ansiedade vem sendo estudada ao longo dos séculos. Contudo, nenhum dos atuais sintomas inclusos nos manuais de transtornos mentais é novo para a humanidade. Mudaram as combinações, os valores e as permutações dos sintomas, que foram mais bem agrupados para classificação e tratamento.

O mundo não causa ansiedade, ele é ansiedade

Sou muito ansiosa! Estou o tempo todo preocupada com o futuro, com o que deixei de fazer, com o que vou fazer. É um inferno o que vivo todos os dias.

Jacqueline, 35 anos

Já não sei mais o que é certo ou errado, o que é melhor ou pior. Parece que o mundo não aceita nada e aceita tudo.
Carla, 28 anos

Quem já não viveu ou vive momentos de intensa agitação, dúvidas, medo e, ao mesmo tempo, impotência? A toda essa gama de emoções e sentimentos, se dá o nome de ansiedade.

Durante minha adolescência e juventude, não me lembro de ter presenciado meus pais ou outros adultos do meu convívio dizerem: "Estou ansioso" ou "Sofro de ansiedade" ou "Tenho síndrome do pânico". Talvez esses termos não fizessem parte do vocabulário deles ou, de fato, o que denominamos hoje pelo nome técnico de ansiedade era chamado simplesmente de preocupação e de medo. A referência à ansiedade, quando havia, era feita em sentido positivo: "Ansioso pela viagem de férias". Tinha um sentido de ânsia, de desejo, de uma boa espera. Eram os anos 1960 e 1970.

Quando estudava psicologia, nos anos 1980, comecei a ouvir o termo "ansiedade" para descrever processos patológicos como a síndrome de pânico, o auge do nível de ansiedade.

A partir dos anos 1990 e 2000, a ansiedade foi tomando conta de conversas de bares, eventos e encontros sociais. Qualquer preocupação virou ansiedade nos mais diversos graus. Assim como o termo "depressão" foi tomando o lugar da tristeza, a ansiedade - aquela própria do viver desde os velhos tempos - passou a ser visto como transtorno, uma patologia.

O que é a ansiedade, afinal?

De acordo com a quinta edição do Manual de diagnóstico e estatística de transtornos mentais (DSM-V), da Associação Americana de Psiquiatria, a ansiedade como doença é caracterizada pelo excesso de medo e angústia, incluindo perturbações relacionadas. O diagnóstico deve ser feito por um médico especialista.

Quais os principais sintomas?

São descritos os seguintes sintomas:

- Preocupações, tensões e medos exagerados; a pessoa se queixa de não conseguir relaxar.
- Sensação contínua de catástrofe, de que algo ruim vai acontecer.
- Preocupação excessiva com saúde, dinheiro, família e/ou trabalho.
- Medo de errar e ser julgado; medo de ser humilhado.
- Falta de controle sobre pensamentos, imagens ou atitudes, que se repetem involuntariamente.

Quais os tipos de ansiedade?

O DSM-V descreve pelo menos seis tipos de transtornos de ansiedade: transtorno do pânico; fobia específica; fobia social; transtorno obsessivo-compulsivo (TOC); transtorno do estresse pós-traumático (TEPT); transtorno de ansiedade generalizada (TAG).

O que sente uma pessoa com ansiedade?

Níveis altos de ansiedade fazem com que uma pessoa se sinta angustiada o tempo todo, assim como ameaçada e bloqueada. É bastante comum que, se a ansiedade atingir patamares fora daqueles que este livro trata, a pessoa se sinta impossibilitada de descobrir a origem do sofrimento emocional. Nesse caso, é ainda mais fundamental procurar ajuda médica e psicológica.

A era da Modernidade dá ensejo à era da ansiedade

Alguns pensadores da sociologia e da filosofia, como Zygmunt Bauman, Anthony Giddens e Gilles Lipovetsky, traçam os caminhos do início da Modernidade, no século XIX, a partir de uma radical mudança nos costumes e estilo de vida e nas organizações sociais que surgiram na Europa a partir do século XVII e se tornaram mundiais em sua influência. Segundo Giddens, no livro *As consequências da Modernidade* (1990), é possível associar o nascimento da Modernidade a um período de tempo específico e a uma localização geográfica inicial.

Durante muitos séculos, vivemos como grupos nômades pequenos, isolados, de caçadores e coletores. Com o advento da agricultura, todos se movimentaram conforme comunidades rurais e pastoris foram se desenvolvendo. O passo seguinte foi a formação de estados agrários, culminando na emergência de sociedades modernas no Ocidente.

Vivemos um longo período em sociedades estagnadas. O tempo era uma variável pouco relevante, como se não passasse, pois não havia demandas que obrigassem mudanças de modos e estilos de viver. Se alguém tivesse uma pequena marcenaria, sabia que seria marceneiro sempre; casaria, teria filhos e passaria o ofício a eles. Assim, a vida seguia.

Essa condição quase contínua de vida, com transformações lentas, criava um enredo em que, como humanos, éramos inscritos com um passado definitivo e um futuro previsível. Essa condição mantinha os valores, costumes e hábitos estabilizados que conduziam e sempre conduziram o dia a dia dos seres humanos em qualquer momento da vida.

Pensemos agora nos séculos XV, XVI, XVII e XVIII e seus eventos históricos, como as grandes navegações, as descobertas do novo mundo, a Reforma Protestante e sua fé mais individual e pessoal, a Revolução Industrial e o renascimento das cidades, o êxodo rural, a criação do dinheiro e das unidades de medida, o estabelecimento do trabalho como prerrogativa da dignidade humana, aferido por meio dos relógios que se espalhavam por todos os lugares, controlando e lembrando o tempo necessário para todos os ciclos de produção que ensejavam o capitalismo e lançavam o homem na Modernidade.

Esse é um período que marca uma nova mentalidade, um novo pensar e agir humanos. Se, na Pré-Modernidade, a teologia explicava a existência humana, o tempo e o espaço a partir de Deus, na Modernidade, desde o renascimento cultural e urbano, Deus não ocupa mais o centro do pensamento, e os homens, dotados da razão, passam a tomar um lugar de grande importância. O teocentrismo dá lugar ao antropocentrismo.

Nesse momento, o homem passa a ter a autonomia para compreender a realidade, sendo ele o produtor do conhecimento. Ele, o homem, é a medida de todas as coisas. Há uma crença na razão, a partir do movimento iluminista, que garante a experiência do entendimento do mundo.

Immanuel Kant, principal filósofo do século XVIII, afirmava que o homem nasce com uma estrutura racional que lhe possibilita lidar com o mundo e a experiência no mundo. Relevante frisar que uma das importantes pressuposições da Modernidade é a crença da autonomia. Ousar saber, ousar conhecer, ousar abrir mão de tutores metafísicos para fazer uso da própria razão interna. As respostas estão no homem. Um momento de autonomia e poder na história do homem e, ao mesmo tempo, de crença no otimismo e no progresso.

Sem dúvida, é um momento não só de poder, mas também de se dar conta da fragilidade humana e das incertezas e de não mais contar com a força de um Deus que para tudo tinha a resposta. Não sob essa denominação, a ansiedade passa a fazer parte da vida do sujeito que floresce independente e altamente responsabilizado por ordenar o mundo e a ele mesmo. Alguns autores tratam a Modernidade como uma época de certa soberba e arrogância do conhecimento, dando ao saber o lugar do Deus bíblico deixado para trás.

Difícil não imaginar que a ansiedade não passasse a fazer parte da mentalidade da época, embora nesse período não tomasse um lugar de categoria psicopatológica, tampouco recebesse esse nome. Sabemos que eventos históricos, formas de pensar e se comportar estão absolutamente sobrepostos. Um depende do outro. A questão do homem individual, sujeito de si próprio, passa a ter relevância na maneira como a sociedade se organiza.

A contagem do tempo, a produtividade e a ideia de "melhor qualidade de vida" arrastaram o homem do campo para os centros urbanos. A promessa da industrialização deu início ao capitalismo, que passa a ganhar corpo, volume e força.

A Idade Moderna já trazia, na sua concepção, a ideia de algo que precisa ser atingido, construído fora daquela vida em que havia pouca mobilidade, em que as pessoas nasciam e morriam no mesmo lugar, num pequeno pedaço de terra. Nessa perspectiva, o tempo se organiza de outra forma, tal qual a perspectiva de futuro. Quando as sociedades se organizam de formas diferentes, as noções de tempo e espaço mudam de qualidade e quantidade.

Então, embora tenha se iniciado nos séculos XV e XVI, a partir desses eventos históricos que impactaram a mentalidade da época e estão interligados com mudanças no modo de pensar e no próprio comportamento, a modernização chega de forma radical no século XIX. O pressuposto da Modernidade é o uso da razão interna e a crença no progresso, no desenvolvimento industrial, além de um certo otimismo.

A Modernidade trouxe a sensação de poder, de capacidade de conseguir ordenar o nosso mundo e a nós mesmos, na medida em que o poder estava relacionado com a razão. É importante assinalar que a Modernidade muniu o homem da ideia de que, ao ordenar o mundo, ordenaríamos todo e qualquer sofrimento a partir da provisão de uma espécie de bem-estar humano numa escala universal.

A ansiedade, embora naquela época esse termo não fosse usado como hoje, nasceu junto com toda a ideia de progresso e geração de riqueza. O movimento de mudança do homem do meio rural, onde tinha total controle sobre seus meios de produção, para cidades, que iam sendo criadas como megalópoles, criou novas necessidades e promessas de uma vida com mais ganho e riqueza. Para isso, era preciso trabalhar de dezoito a vinte horas por dia, por exemplo, numa mina de carvão ou numa indústria, com a obrigação de ser um trabalhador produtivo. Assim, a noção do tempo passou a ser de imensa valia.

Se, no campo, tudo se passava como se o tempo não existisse, a não ser para indicar o momento do plantio e da colheita, também a distribuição do trabalho no tempo se fez de acordo com as necessidades para a provisão da família. Era o homem do campo que decidia o que seria suficiente para viver.

Por outro lado, a migração para as grandes cidades impôs outra relação com o tempo, então controlado por terceiros e disposto pelos relógios à vista. Sem dúvida, o tempo, como até hoje, se tornou central na construção do dia a dia, no estilo e na constituição dos grupamentos sociais.

Nesse momento de nascimento da Modernidade, ampliou-se o conhecimento técnico e categorizado dos transtornos mentais e de ansiedade. O homem se percebeu como um ser com existência própria, compreendido a partir da própria racionalidade.

A promessa de maior riqueza nas grandes cidades, contudo, mostrava-se um engodo. No século XVIII, as condições de moradia e as circunstâncias sanitárias deixavam a desejar. Para galgar mais conforto, via-se o homem obrigado a trabalhar mais, assim como toda família, mulher e filhos. Entretanto, nem sempre a quantidade de horas trabalhadas garantia acesso a maiores patamares de riqueza e, por isso, esse trabalhador continuava pertencendo à mesma classe dos desvalidos e necessitados.

Todos os movimentos que envolviam produção de riqueza implicavam maior competição e trabalho. Era cada vez maior a exigência por uma entrega eficiente, produtiva e garantidora de bons resultados. Portanto, o caráter gerador de ansiedade já estava ali presente.

A industrialização ensejou o capitalismo, mudando os modos de produção. A tecnologia foi chegando e se, de um lado, houve imensas descobertas, de outro, os modos de produção eram híbridos e paradoxais, o que quer dizer que produziam risco e necessitavam de vigilância permanente. Esse era o mundo moderno, um mundo vigilante.

O MUNDO CONTEMPORÂNEO, A IMPREVISIBILIDADE E A FINITUDE

A vida é gentil, tem alguns dias e só agora temos que aproveitar.
García Lorca

O tempo acelerou e o que parecia certo virou incerto. Algo nos escapou, nos escapa; logo nos amedronta. Que nos conta a Pós-Modernidade?

O tempo jorra em todos os lugares. E nós envelhecemos no Tibete ou em Nova York, como lembra o sociólogo Zygmunt Bauman em uma entrevista concedida ao jornal *Extra* em 2015:

> A experiência da passagem do tempo, porém, nós a organizamos de maneira diferente, dependendo da sociedade em que estamos inseridos. Na maior parte da história da humanidade, tínhamos basicamente duas formas de organização: o tempo cíclico, que se repete dia após dia, ano após ano, vivido pelas sociedades agrárias, como o Tibete. E o tempo linear, que marcha, move em direção ao futuro, dominante nas sociedades industriais e que expressa essa ideia de modernidade, progresso. O que estamos percebendo em Nova York - ou no Rio - é uma terceira e relativamente nova organização do tempo, a qual ganha terreno no que eu chamo de modernidade líquida: uma forma de vivenciar a passagem do tempo que não é nem cíclica e nem linear, um tempo sem seta, sem direção, dissipado numa infinidade de momentos, cada um

> deles episódico, fechado e curto, apenas frouxamente conectado com o momento anterior ou o seguinte, numa sucessão caótica. As oportunidades são imprevisíveis e incontroláveis. Então, a vigilância sem trégua parece imprescindível. Esse tempo da modernidade líquida gera ansiedade e a sensação de ter perdido algo. Não importa o quanto tentamos, nunca estaremos em dia com o que aparentemente nos é oferecido. Vivemos um tempo em que estamos constantemente correndo atrás. O que ninguém sabe é correndo atrás de quê.

A Pós-Modernidade, outro momento do pensamento contemporâneo humano – para alguns apenas a continuidade da Modernidade –, tem como mote a expressão do contraditório, a convivência dos opostos no mesmo instante. As certezas e a ideia de um futuro garantido se desfazem.

Alguns autores não estipulam um início e um fim para a Modernidade, tampouco o momento preciso em que o pensamento pós-moderno (período em que nos encontramos) se instala, mas pode-se dizer que houve dois momentos significativos: o primeiro, já após a Segunda Guerra e intensificado na década de 1950 com a Guerra Fria, em que há uma mudança de mãos da mídia da época. O segundo momento é em 1989, com a queda do Muro de Berlim e o colapso da União Soviética. Nesse momento da história, as grandes narrativas do cristianismo, marxismo e iluminismo entram em crise, a partir do pensamento crítico que passa a não aceitar explicações definitivas e totalizantes.

Na Modernidade, a forma do pensamento se baseava em paradigmas criados a partir da Revolução Industrial e da ciência, com destaque para a medicina. A construção de fábricas, indústrias, asilos, manicômios e hospícios foi largamente ampliada. As razões das doenças, da loucura, da produção maior ou menor no trabalho, da morte eram entendidas por meio de padrões bem definidos, hierarquias, categorias. As questões eram ordenadas e respondidas a partir de um pensamento em que não cabiam dualidades, dicotomias.

Mas, a partir dos eventos históricos citados acima, o mundo mudou numa imensa velocidade, exigindo novas formas não só de responder às novas construções e novas narrativas, mas, principalmente, uma nova forma de pensar no âmbito da ciência, das religiões, da educação, da política, da família, do poder e da música.

A Pós-Modernidade, *grosso modo*, desconstrói, desorganiza e, de alguma maneira, estabelece certo caos. Os conhecimentos não ficam restritos a uma única área de pensamento, a visão do mundo deixa de ser tão recortada. Um exemplo simples de Pós-Modernidade está na banda de *heavy metal* que toca com uma orquestra sinfônica. "Bonito" e "feio", "alto" e "baixo", "gordo" e "magro" passam a coexistir. Não há uma só verdade ou uma só mentira, tudo passa a ser considerado dentro da complexidade que é o mundo. A Pós-Modernidade questiona, e para todas as questões são levantadas algumas variáveis e diversas perspectivas. O relativismo ganha corpo e a simples relação de causa e efeito se torna mais complexa e abrangente.

Por que vivemos imersos na ansiedade?

Quando era jovem, claro que eu ficava agitada por causa de algo que desejasse muito. A ansiedade era o desejo na sua forma mais simples e expectante. Nada havia de estranho, patológico ou fora do esperado. Prestar vestibular, viajar para fora do país pela primeira vez, me lembro do frio na barriga nessas ocasiões. Uma mistura de ânsia pela realização do desejo com medo de perder de vista aquilo que tanto queria. Para meus pais, a solução era direta, curta e absolutamente corriqueira: "É assim mesmo, vai passar!". Não, a ansiedade não era sequer comentada, e qualquer medo ou preocupação eram, imediatamente, chamados para uma realidade palpável e identificada.

A partir dos anos 1980 e 1990, porém, o termo "ansiedade" passou a ser mais usado, o que faz todo sentido. As realidades foram se desfazendo, mudando, se tornando mais e mais incertas. O leque de opções aumentou para tudo: profissões, comunicação, estilo de vida, organização familiar, relações amorosas, orientação sexual; em todos esses âmbitos da vida cotidiana, foram abertos os mais diversos modos de se viver.

O pensamento, na Pós-Modernidade, deixa de seguir uma característica de hierarquização, e os modos de fazer e ser são questionados e revistos. Não há uma profissão que valha mais que outra ou conhecimentos que não possam ser agregados. Aquilo que chamávamos de medo, causado por um algo concreto, passa para um plano subjetivo, pouco localizável, e se começou a falar de algo que vinha de dentro, mas não necessariamente factual.

Foi assim que os termos ansiedade e angústia passaram a definir um estado subjetivo que nos acomete internamente, muito próximo ao medo de que algo nos falte, nos abandone e nos desampare. Claro, as características individuais vão determinar como cada pessoa vai lidar com esse afeto que a todos incomoda, amedronta e nos mantém reféns de uma ideia da necessidade de controle.

As redes sociais, consequência de uma revolução tecnológica sem precedentes, transformam a privacidade e fazem com que as individualidades sejam expostas e acompanhadas em tempo real por meio de uma tela que carregamos para onde queremos. Novas formas de relacionamentos, novos jeitos de trabalhar e de estar no mundo vão surgindo numa profusão inesperada.

A ansiedade contemporânea nasce da destruição dos mecanismos de estabilização de valores. Antes era possível prever um pouco da nossa história - crescer, ir à escola, trabalhar em profissões conhecidas, casar, ter filhos, comprar uma casa -, e essa previsibilidade mantinha um sistema de crenças intocado. Raramente alguém se perguntava, a não ser em discussões religiosas ou filosóficas, para onde a vida o levaria.

Atualmente, pouco sabemos por onde a vida vai nos levar. O tempo acelerado quase nos tira o fôlego. Tudo muda em um espaço de tempo curto, em especial nos grandes centros. A ansiedade, do ponto de vista sociológico, é fruto do movimento de aceleração contrário à estabilidade milenar que mantinha e repetia os valores.

A vida agora pode ocorrer de várias formas, há muitas opções, não há garantias. O tamanho do fazer e a forma de realizar variam por um espectro grande de alternativas. O que sempre aconteceu pode não acontecer de novo. Tudo está sob a força de uma intensa aceleração. Esse é o mundo tal qual o herdamos, a partir das diversas e profundas revoluções feitas pelo homem no sentido da busca de maior desenvolvimento da ciência, da economia, do modo como a sociedade contemporânea se organiza e do modo como os seus elementos se relacionam.

A ansiedade de mãos dadas com o tempo e a morte

Talvez as duas variáveis mais relevantes, ao sentirmos a ansiedade nos invadir, sejam o tempo e a morte. O tempo diz respeito à agonia de uma ameaça de futuro que vem junto com a ansiedade, como se ele nos escapasse pelos dedos, nada o segurasse. A morte vem com a realidade de que conseguimos controlar algumas coisas na vida, mesmo as nossas emoções, medos e toda sorte de pensamentos que atravessam nossa mente, em momentos pouco previsíveis, mas não temos instrumentos que ponham tudo isso no seu devido lugar cem por cento do tempo.

Nada garante a nossa humanidade que pulsa independentemente dos nossos ideais de controle. Sabermos que somos seres que nada controlam nos coloca numa face próxima com a morte. Não me refiro aqui só à morte física, mas à morte de um viver subjugado por demandas, necessidades, por sermos amados, por sermos eficientes e competentes para fornecer sempre bons resultados.

As agonias do tempo, um tempo que tem ritmo, tem movimento preciso e, queiramos ou não, não para. Chega uma hora em que já não conseguimos acompanhá-lo, talvez por causa do corpo que envelhece e deixa de funcionar com recursos tão acelerados como os conhecidos na juventude. O tempo é implacável, não se importa com o que desejamos, queremos ou podemos. Ele passa de qualquer jeito.

Na mitologia grega, o poderoso deus Cronos, aquele que devorava seus filhos, era insaciável porque tinha o poder de estar à frente de qualquer desejo de cada um de nós. O tempo é inevitável, devora a vida. Há quem diga que o tempo é uma ilusão. Do ponto de vista psicológico, o tempo cronológico nem sempre corresponde ao tempo que é vivido. Se estivermos fazendo algo de que gostamos muito ou se estivermos com alguém que amamos muito, parece que o tempo é infinito e, ao mesmo tempo, curto.

Quando minhas filhas eram pequenas, me lembro da "ansiedade" para que a visita à sorveteria não terminasse. Uma delas, apaixonada por sorvetes com chocolate, dizia:

"Vou tomar bem devagar para que não acabe nunca!". Meus netos querem deixar o tempo infinito quando estão na brincadeira. Assim é o tempo na dimensão psicológica.

De outro lado, quando temos que fazer ou estar em alguma situação morosa, desagradável, a qual nos exige muito esforço, parece que o tempo não passa, cinco minutos parecem três horas. A percepção do tempo nessa dimensão varia muito, não é exatamente aquele do relógio.

Entretanto, no meu modo de ver, o tempo não pode ser uma ilusão quando olhamos para a biologia. Uma pessoa possui demandas, maneiras e disposição diferentes aos 20, aos 30, aos 50 anos. Assim como qualquer material se desgasta, nós, seres humanos, nos desgastamos também, e isso é a ação do tempo. Ganham-se vínculos, perdem-se conexões, e elas se modificam profundamente. Tudo isso é a ação do tempo. Não é difícil imaginar que essa é uma variável provocadora de ansiedade.

Como disse anteriormente, à medida que a sociedade burguesa da Europa formou novas organizações sociais, o tempo precisou ser trazido para o centro desses novos assentamentos. O fato de o tempo não ser algo que pegamos com a mão não quer dizer que seja uma ilusão e não tenha ação concreta sobre a vida.

Na ânsia moderna de tudo aproveitar, saber e conhecer, vivemos como o Coelho de *Alice no país das maravilhas*, de Lewis Carroll, o qual vive correndo e, em determinado tempo, supostamente viria dele a resposta à indagação de Alice: "Quanto tempo dura o eterno?". E ele responde: "Às vezes, um segundo". O tempo e o lugar onde estamos podem estar em dissonância.

O que assistimos hoje é uma possibilidade maior de viver a longevidade, mas, *pari passu*, um desespero de ver o tempo que passa. Como segurá-lo, aproveitá-lo até o seu máximo? O envelhecer nos dá a devida dimensão de como usamos o tempo: "Tenho que fazer antes que eu envelheça", "Sou velho para isso", "Como vou fazer coisas que pertencem ao mundo dos jovens?". O mundo adquiriu uma velocidade sem precedentes, quase como se fosse possível fazer e conhecer tantas coisas ao mesmo tempo, como se o jovem e o velho pudessem cruzar suas linhas delimitadoras.

O tempo vai se pulverizando em meio a tantas demandas. Veja o meu exemplo. Estou aqui, escrevendo esse livro, ansiosa para conclui-lo, mas preciso parar para cuidar das coisas pessoais, do meu trabalho nas redes sociais e no consultório e de fazer uma pesquisa o mais ampla possível sobre a ansiedade. Tudo isso envolve a inevitável ansiedade e parece que o tempo será curto para todas as demandas. É uma ansiedade ruim, desgastante, patológica? Não, é a ansiedade indispensável para vencer o desafio. E aí me recordo do Coelho Branco de colete, com relógio na mão, em *Alice no país das maravilhas*, gritando: "Não, não, tenho pressa! É tarde, é tarde, é tarde!".

Aquele tempo de que falávamos no início desse livro, anterior à Revolução Industrial, era um tempo agrário, que seguia o ritmo da natureza. O homem era por ela comandado, pacientemente comandado pelo dia, pela noite, pelas estações do ano. O ritmo da natureza não era visto nem como lento, nem como rápido: simplesmente seguia como seguia. Esse tempo foi substituído pelos grandes relógios, pelos ponteiros das horas, minutos, segundos.

Nesse sentido, as aquisições que o homem fez ao longo do tempo, em termos de comunicação, seja telégrafo, imprensa, telefone e correios mais velozes, seja fibra ótica e internet, mudaram toda a relação com o tempo. Nossa mente, embora não siga o mesmo ritmo das diversas revoluções tecnológicas, se esforça e, para isso, acelera a capacidade cognitiva para dar conta de entrar em relação com pessoas, conhecimento, consumo etc.

Tornamo-nos seres multitarefas. Como um equilibrista de pratinhos, vamos tentando manter tudo sob nossa vigilância e controle. Sim, somos mais *workaholics*. As mulheres, desde os tempos imemoriais, são dotadas de uma capacidade de fazer e estar, ao mesmo tempo, com a atenção dividida para diferentes tarefas: cozinhar, cuidar dos filhos, prestar atenção se nada ameaça sua cria e cuidar da casa. De uns bons anos para cá, além de tudo isso, cuidam da carreira, produzem receita e respondem pela vida financeira da família, às vezes sozinhas.

Sim, as mulheres, de modo geral, se queixam mais de ansiedade, reclamam da falta de tempo e espaço para dar conta de tantas demandas de fora e de dentro. De outro lado, a sociedade contemporânea trabalha mais, perde mais o foco e precisa de um campo atencional maior para dar conta dos inúmeros estímulos. Dormimos menos, saímos de férias com todos os canais de comunicação abertos. Somos trabalhadores em tempo integral e real. Claro, muitos sentidos vão se perdendo, e as preocupações, os medos e a ansiedade acompanham todos esses desdobramentos.

Finalizando sobre o tempo, não podemos esquecer a sua dimensão psicológica: o tempo da consciência. Não é o tempo medido, objetificado, mas o experimentado, sentido pelo ser humano, vivido no corpo a todo momento. O tempo, embora possa ser localizado no passado, presente e futuro, ocorre concomitante nessas dimensões. O seu presente carrega tanto o seu passado quanto a perspectiva positiva ou negativa do futuro. Sim, o tempo provoca ansiedade porque ele já está acontecendo.

Domenico de Masi, em seu livro *O ócio criativo*, enfatiza que o tempo sem permanência não cria possibilidade, presença e sentido. Mostra que o tempo não é absoluto, se tivermos as dimensões psicológica e filosófica no horizonte. O tempo é relativo, não depende da nossa escolha, tem vida e ritmo próprios. Não o controlamos, mas podemos escolher como usá-lo: o que eu quero, o que priorizo e o que escolho para transformá-lo e me transformar.

O filósofo Hegel dizia que "a coruja de Minerva alça seu voo somente com o início do crepúsculo". Essa metáfora, usando a coruja, o animal que representa a filosofia, nos diz que a sabedoria requer tempo, treino, erros e acertos. Esse é o grande desafio da vida vivida: há um tempo para todas as coisas, não adianta apressá-lo ou retardá-lo; ele, o tempo, não responde ao nosso controle nem preces.

E a morte, essa certeza inevitável?

Por incrível que possa parecer, falar e pensar sobre a morte causa estranheza, medo e angústia. Por que se teme a morte, algo que é inevitável? Antes dos gregos, a cultura animista, mágica, era um consolo diante da morte. Quando alguém morria, com certeza, continuaria em outro lugar. A morte fazia sentido, não destruía a existência humana. Até hoje, para pessoas que seguem algumas religiões, a morte é encarada como a possibilidade da eternidade.

Nos tempos rurais, agrários, em que a natureza comandava e exercia seus ritos e desfechos, a morte era sentida e esperada como nada mais que parte do ciclo da vida. Sobre a morte não havia "objeção", nada poderia se fazer contrário a ela.

Meditar sobre a morte é o princípio da vida. Trabalhar com a noção da finitude torna a vida única e banal. A realidade da morte não depende de ter ou não ter medo, aceitá-la ou não, ela é inevitável e inexorável, assim como o tempo. Chegará, na maior parte das vezes, sem que tenhamos qualquer vontade ou escolha.

O filósofo Epicuro dizia: "Você nunca estará com a morte, porque, quando ela estiver, você já não estará. Se você está, é porque ela ainda não está". Há pessoas que vivem temendo a morte, não suportam que dela se fale, mas não usufruem do seu tempo e do viver, porque estão sempre com a morte à espreita.

Morremos e renascemos todos os dias. A vida começa e se reinicia diariamente, o que muda é o sentido, a intensidade de vida pessoal que carregamos dentro de nós. A ansiedade pode surgir do desejo, por vezes inconsciente, de controlar a realidade inevitável da morte.

A sociedade contemporânea busca negar a morte. São tantas as possibilidades de se prolongar nossa estada na Terra que quase nos acreditamos imortais. Desde a década de 1960, a juventude foi alçada para um patamar de importância. Pela primeira vez, na história da humanidade, o conhecimento não estava nas mãos dos velhos, não eram eles os detentores das descobertas. Os mais velhos buscaram se adaptar, se submeter às mais diversas possibilidades na ânsia de pertencer, de não ficar de fora dos novos desenvolvimentos e, quem sabe, parecerem mais jovens (discutiremos sobre isso no capítulo sobre a ansiedade no envelhecimento).

Quase sempre o medo da morte é fruto da falta de conhecimento próprio. Por isso, o jovem se afasta da noção da finitude. A morte se torna uma realidade distante para ele que, ilusoriamente, pode controlá-la e mantê-la fora da sua existência, como se ele fosse a realidade e não pertencesse à outra realidade dominada por circunstâncias e surpresas.

A grande sabedoria da vida é saber e encarar a inevitabilidade da morte. Isso não quer dizer, de jeito nenhum, que não possamos usufruir dos meios oferecidos pela ciência e pela medicina para uma vida longeva, com mais qualidade. Podemos usufruir da vida e valorizá-la, compreendendo que o tempo pode durar um segundo.

A morte biológica é um dado universal de todas as culturas e épocas. Como eu ajo, penso e sinto a morte depende da minha construção cultural, histórica e pessoal. É uma contradição mal resolvida, mas é a morte que torna a vida em algo importante que carece de sentido e profundidade. A ansiedade, que insiste no controle do inevitável, nos faz perder tempo, não nos favorece na construção da nossa história individual, única e, ao mesmo tempo, coletiva. Curiosamente, muitos se defendem da vida, não se entregando às experiências e fugindo das inevitabilidades da existência, porque não suportam ter que lidar com a insegurança, a instabilidade, a alegria e a tristeza que podem ocorrer, e ocorrem, no mesmo instante.

Para encarar a realidade da morte, é necessário que possamos lidar com o nosso vazio e a nossa dor diante das inúmeras incertezas que nos cercam todos os dias. Sim, de uma hora para outra, tudo pode acabar, podemos morrer ou perder quem muito amamos. Este é o nosso imenso temor: enfrentar a força e, ao mesmo tempo, a fragilidade da existência humana.

Na sociedade atual, a morte é rechaçada, o lugar dela passou a ser ocupado com disfarces e explicações que buscam negá-la. A cultura contemporânea pouco abraça a importância da finitude das civilizações e da própria vida, embora nunca tenha se conhecido tanto sobre o tempo de existência. Basta ver como a ciência traz evoluções na medicina, na nutrição e no bom estilo de vida. Por saber que somos finitos, criamos cada vez maiores possibilidades para tentarmos ser mais que centenários.

Sabemos que vamos morrer, mas que fazer com isso? Quanto desse saber transformamos em aprendizado para se preparar e saber morrer? Sendo assim, a morte passa a ocupar quase o lugar de uma obscenidade. Quanto mais a vida for interessante, recheada de sentido real, mais estaremos serenos para aceitar a morte como apenas parte da vida.

Para lidar com a questão do tempo e da morte, sem a agonia da ansiedade que toma conta da alma, obscurecendo e retirando a energia para viver de maneira presente, coesa e inteira, é preciso que cada um de nós se aprofunde no que é. Sem o mergulho na própria existência, sem navegar pelas frestas e aberturas da nossa vida psíquica, não podemos aceitar a realidade da morte.

Para encerrar este capítulo, recorro ao filósofo estoico Sêneca, hoje largamente citado quando se fala sobre o bem viver e a ansiedade fundamental que habita em todos nós diante da nossa finitude: "O medo da morte é o que nos limita de viver plenamente a vida e dela desfrutar. Aquele que teme a morte nunca se tornará um homem pleno de vida".

Sêneca, em seu livro *Sobre a brevidade da vida*, recomenda que, para escapar dessa ansiedade, é necessário voltar a atenção para o presente em vez de se preocupar com o futuro.

Parece simples, não? Sim, os filósofos epicuristas acreditavam que podemos conseguir um grau cada vez menor de ansiedade quando nos livramos de grande parte de pensamentos negativos do passado e dos medos do futuro, uma vez que só existe a realidade do momento presente.

LIDANDO COM O MEDO E A EXPECTATIVA

"Medo" é o nome que damos à nossa incerteza:
nossa ignorância da ameaça e do que deve ser feito.
Zygmunt Bauman, *Medo líquido*

Como pudemos ver até aqui, a ansiedade é uma experiência emocional que desde sempre esteve no dia a dia da nossa existência. Para compreendê-la, não podemos considerá-la um mal-estar, um impedimento ou algo que precisamos eliminar, até porque nunca a eliminaremos: é parte da existência e das mudanças empreendidas pela humanidade.

Atualmente, a ansiedade tem sido motivo de estudos por parte de muitas áreas das ciências do comportamento, das ciências médicas, da sociologia e da filosofia. Sim, essa experiência emocional, que tanto assusta alguns, também estimula os sentidos e nos leva a enfrentar desafios. A ansiedade, se não atingir níveis que excedam nossa capacidade de pensar e de fazer escolhas, é um sinal que nos avisa sobre algum desencaixe ou um desafio estimulante, que nos põe a pensar, nos leva à ação.

A ansiedade é tão parte da vida de qualquer humano, em qualquer parte do planeta e em qualquer cultura, que grupos multidisciplinares se dedicam a estudá-la profundamente, criando ferramentas para identificá-la e manejá-la, principalmente quando se torna sofrimento psicológico. Dela nenhum de nós se livra; em algum momento, somos acometidos pela ansiedade, seja frente ao bom desafio, seja no entendimento de que algumas peças desse quebra-cabeças carecem de definição precisa e só ganham sentido no contexto em que são inseridas na nossa história pessoal.

Repetindo, a ansiedade é uma emoção absolutamente esperada e cabível no nosso viver. Do ponto de vista evolutivo, é adaptativa, desde que promova a sobrevivência por incitar as pessoas a evitarem o perigo. Foi a partir do século XX que passou também a ser vista como transtorno psiquiátrico. O limite clínico entre uma ansiedade normal adaptativa e uma ansiedade patológica, que requer tratamento, deve estar sujeito a consideração clínica.

Inúmeros autores de áreas diversas escreveram sobre a ansiedade como um transtorno recente, mas não é bem assim. Há indicações de que a ansiedade tenha sido claramente identificada e classificada como transtorno pelos filósofos e médicos gregos e romanos. Algumas abordagens filosóficas, para o manejo da ansiedade, estão até hoje presentes nas terapias cognitivas.

O *Corpus Hippocraticum* é uma coleção de textos da medicina grega atribuídos a Hipócrates. Entre eles, há uma historinha interessante. Um tal Nicanor estava em uma festa e ouviu uma flautista. O som da flauta provocou nele terrores intensos. Ele dizia que ouvi-la à noite lhe era insuportável, mas durante o dia não o afetava. Esses sintomas persistiram por um longo tempo. Nesse texto, a história trata um caso típico de fobia como transtorno médico.

Como se pode ver, a ansiedade sempre esteve na constituição humana. Claro, a partir de tantas demandas, estímulos e certo excesso de informações que nos invadem cotidianamente, os níveis de expectativas, alternativas e a velocidade com que tudo chega até nós mudaram drasticamente. Aí não tem jeito, a ansiedade se instala com maior relevância e impacto, levando alguns a experimentarem grandes sofrimentos.

Para a filosofia, a ansiedade tem uma relação bastante próxima com o medo. Um medo que está numa perspectiva sombria de futuro. Um futuro que anuncia o confronto com a dor e o sofrimento.

O medo costuma ser associado a pecado, fraqueza e fragilidade e, por tudo isso, deve ser banido de nossa existência. Ora, quando lemos sobre grandes guerreiros, percebemos que o medo faz parte de qualquer boa liderança. O medo pode ser um excelente aliado, se estiver atrás de nós, impulsionando e chamando a atenção para os cuidados que precisamos ter quando se está no mundo. O medo pode ser uma placa de atenção, não uma sinalização de trânsito interrompido. Pare, observe, escolha o caminho: é para isso que o medo pode nos servir.

Embora exista uma diferença entre ansiedade e medo, como mostrado no início do livro, é possível dizer que em alguns estados de ansiedade há uma presença importante do medo. Um medo que assusta, uma espécie de medo do medo. Do que temos tanto medo? Uma possibilidade é de não ter o suporte necessário para lidar com a realidade desconhecida, o futuro. Não necessariamente um futuro distante. Caminhar com medo faz parte e pode ser importante como fator se superação minuto a minuto, momento a momento.

Assim como podemos transformar a ansiedade em força impulsionadora e encará-la como parte da jornada, podemos usar o medo para despertar a nossa consciência, a nossa humanidade, fazendo parte do que chamamos de coragem. Sentir medo não é sinal de covardia, e talvez dele não nos livraremos.

Nossa velha e boa companheira, a ansiedade, surge também no momento em que não temos certeza de como lidar com o que vem pela frente. Onde as certezas e a previsibilidade deixaram um vazio, surge a expectativa, uma ilusão criada pela ideia de que o objetivo será atendido.

A expectativa esvazia o tempo presente, entretanto é quase impossível não ter com ela algum contato. Por vezes, a expectativa gera uma espécie de motivação e, de fato, pode servir a esse fim, embora dela derive algum grau de ansiedade. Epicuristas e estoicos concordam que a possível felicidade depende daquilo que se constrói por haver valor e, principalmente, sentido pessoal.

A ansiedade pode se tornar grave quando alimentada com o excesso de expectativas, a ponto de paralisar a ação e as necessárias tomadas de decisão. Um bom exemplo é o vestibular. Quantos se preparam arduamente e, no momento da prova, se veem tomados por um pânico que faz desaparecer o esforço empreendido? Sim, a ansiedade ajuda e pode ser uma mola propulsora para fazer alguém estudar e tentar o vestibular, mas a régua de expectativas vai transformando a realidade em algo muito assustador. Mais que só o medo, vem à tona um estado de terror, que deflagra uma crise que paralisa e impede que o objetivo se realize.

Uma vez, um jovem me contou que nos dias que antecediam o vestibular tinha sonhos em que se via terminando a faculdade, com honra ao mérito. Na plateia, estavam seus pais e sua suposta esposa, com filhos pequenos. Acordava com um misto de esperança, excitação e medo, mas não conseguia se livrar daquelas imagens. Às vezes, chorava com medo de não cumprir o objetivo de ser aquele filho, vindo de uma família pobre, o primeiro a entrar na universidade para se tornar um advogado de reconhecido sucesso.

Não preciso enfatizar que esse rapaz tentou três vezes o vestibular. Era estudioso, extremamente inteligente e disciplinado, mas havia nele um mundo emocional cheio de crenças e obrigações que o impediam de ultrapassar o primeiro e mais importante obstáculo. Na hora da prova, suava, tinha taquicardia e falta de ar; entre muitos pensamentos, apenas um surgia insistentemente naquele momento: "Quem sou eu para ingressar numa boa universidade e ser o único da família a entrar na faculdade?".

Claro, havia muitos outros determinantes nessa história, mas veja o quanto a vida emocional, tomada pela ansiedade e altas expectativas do filho que traria o "canudo", lhe custava. O pedágio era alto e o pânico o incapacitava de resolver o que havia de mais básico nos exames. A mesma ansiedade que criou o objetivo e o fez enfrentar os anos de escola agora se voltava contra ele. Seu pensamento era direcionado para o resultado, a cena da formatura, a alegria que daria aos pais. Com isso, perdia o foco no presente e na ação em si, ansiando por algo que estava num espaço bastante longo de tempo.

A ansiedade, carregada de altas expectativas, perde de vista o presente e o valor intrínseco em cada ação; tudo passa a ser substituído pelo objetivo a ser alcançado. Kant, o filósofo alemão que já citei, diz que o ideal está no futuro, mas não como um objeto de desejo, e sim apenas como uma referência de direção.

Há uma passagem do evangelho de Marcos que diz que, para salvar a vida, é preciso perdê-la. O excesso de controle e a antecipação de viver experiências que não estão ainda disponíveis têm caracterizado certo ativismo do nosso tempo. A busca por resultados se tornou mais urgente do que a ação em si.

A ansiedade, que abate a alma, paralisa e adoece, é resultado de um esvaziamento de sentido caracterizado por um fazer e viver mecânico, focado no imediatismo dos resultados e direcionado por algo que muitas vezes não está aqui nem agora.

Quando estamos conectados e inteiros, vivemos e nos empenhamos usufruindo do processo mais do que do resultado ou do que vamos ganhar a partir da realização da tarefa. A ansiedade pode se converter numa energia que anseia o aprendizado. Cada passo pode ser saboreado e degustado. Quando as crianças e adolescentes estão se preparando para comemorar o aniversário, para uma viagem desejada ou para uma balada, há uma espécie de excitação maior no preparo que propriamente no evento. Anseiam pelo que está distante e, quando ali chegam, não têm a mesma disposição.

A expectativa elimina a possibilidade de viver cada passo como se fosse o primeiro e o último, faz com que prevaleça a fantasia de algo frequentemente inalcançável, gerando estresse, intensas emoções, medo, permanência na ideia de resultado, retirando a lucidez para lidar com o que a realidade oferece naquele momento. Mas seria possível evitar as expectativas? Há algo que possamos fazer sem alguma expectativa? Não seria a expectativa algo próprio do humano que deseja?

A ansiedade, quando atinge níveis disfuncionais, dificulta enxergar as coisas em si, projeta-se nas altas expectativas e pavimenta o caminho de imensas frustrações. Quando se espera pouco ou quase nada (e não é simples nada se esperar), avaliamos melhor, contamos com maior lucidez, minimizamos a possibilidade de frustração.

Estamos imersos numa cultura calcada na ansiedade, na eficiência e nos resultados. Não à toa os que se dizem muito estressados no trabalho parecem ser mais valorizados ou passam uma ideia de que fazem mais que aqueles que são mais interessados no fazer constante, comprometido e sem grandes oscilações. Chama atenção quando alguém não está na frequência ativa e turbinada.

Ser ansioso também ganhou ares de ser "ligado", "atento" etc. Tudo isso é um imenso equívoco. Quanto menos tempo para cultivar o caminho e estar inteiro em cada coisa que se faz, menos atenta a pessoa estará a si própria, aos seus erros, às dificuldades e mais perto estará dos estados de frustração. Há quem aposte suas fichas no futuro e na eterna expectativa de sucesso como um qualificador da vida pessoal.

Na ansiedade que produz confusão e paralisação, é como se a mente fizesse uma espécie de chantagem com a possibilidade de perda e de catástrofes. A angústia e o medo de forma desmedida prejudicam o bom funcionamento da inteligência e da precisão para decidir e escolher.

A filósofa Lucia Helena Galvão traz a vontade para o centro da discussão quando fala em ansiedade. A vontade é como uma musculatura que precisa ser treinada e tornada em boa aliada para usarmos a ansiedade a nosso favor. Como? A vontade aciona a inteligência, a atenção e a precisão para, por exemplo, resolver uma situação de conflito passo a passo, sem perder de vista a auto-observação. Um nível alto de ansiedade quer pular de dois em dois degraus, quer a resolução sem os passos necessários, quer pressa e um tempo que não é o do momento presente.

A contemplação da natureza e de seus ritmos traz um aprendizado interessante. Podemos observar como cada coisa funciona, como ocupa um lugar e um tempo. Se a natureza fosse acometida pela ansiedade, todos os processos entrariam em colapso, rompendo os ritmos de tempo e espaço. Podemos até pensar que as mudanças climáticas, criadas por nós, humanos, no afã desenfreado de controlar a natureza de acordo com nosso desejo e exigências econômicas, produzem uma resposta "ansiosa" da natureza: tudo se inverte no tempo e no espaço. Perde o ritmo, o compasso e a continuidade. Estamos assistindo a reações extremas da natureza diante da agressão que perturba os ritmos em que ela se processa.

Aqui podemos lançar mão de outro conceito que pode ser aliado à ansiedade, retirando dela a energia para um viver mais centrado e presente: a disciplina. Assim como a vontade, a disciplina pode se valer da força da ansiedade para fazer o que é necessário e dessa forma manter a consciência e a inteligência em movimento a favor da realização. Vivemos porque tudo tem ritmo, porque cada coisa ocupa sua função.

Uma vez, estive num evento durante o qual tocava um quarteto de cordas, enquanto as pessoas conversavam, bebiam e davam risada. Num dado instante, estavam tocando "Carinhoso" quando o violino chamou minha atenção. Me aproximei e fui ouvir a beleza que era aquele quarteto. Enquanto desfrutava daquele momento único, parecia que ninguém estava ali, nada me perturbava. Só havia a música. Aproveitei um bom tempo daquele momento social para usufruir de uma canção tão bem tocada e conversar com os músicos. Alguns haviam estudado fora do Brasil, em escolas renomadas. Um deles fazia parte de uma importante orquestra brasileira. Ao mesmo tempo, eu pensava que talvez a maior parte das pessoas que ali estavam nem sequer tinha prestado atenção à música. Sim, havia outros interesses, outros resultados buscados naquele encontro e pairava certa pressa em estar "presente para o social". Talvez a ansiedade por estar ali, com aquelas pessoas, tenha roubado de alguns um pouco da atenção aos detalhes, à presença de outros, ao entorno, além dos convidados elegantes e importantes.

A consciência de quem você é, do que faz a cada momento e por onde transita sua vida interior favorece que a ansiedade possa ser reduzida a um nível suportável, aquele que é próprio do viver e que move a curiosidade pelo conhecimento do mundo, do outro e de tudo que compõe a vida cotidiana. A forma como cada um está presente em cada instante promove um olhar aos detalhes e também ao outro. Quando a ansiedade está aprisionada nas exigências sociais ou pessoais de ser bom, inteligente e bem-sucedido, ao contrário, estabelece-se uma proximidade maior com uma condição existencial pequena, medíocre e errática. Como se houvesse uma recusa em crescer, aprender, e uma concordância com a morte em vida. Sim, a vida é uma imersão em momentos pedagógicos. A ansiedade estará sempre por perto, mas depende da direção que pode ser dada a esse estado emocional.

A ansiedade é parte integrante do viver, caminha junto com os ciclos de mudanças, com os novos papeis que cada um assume, com as escolhas profissionais, com os relacionamentos, com as decisões profissionais e com tudo o que implica estar vivo e em relação. Afinal, estamos sempre em transição.

Dessa forma, a ansiedade, em níveis aceitáveis, não é uma doença, tampouco pode ser evitada, mas, sim, conhecida e treinada. É preciso que se saiba ser ansioso, conhecendo a si próprio e aos recursos internos e externos que cada um tem disponíveis, evitando soluções e caminhos irreais. Quanto maior a tolerância e a generosidade para lidar com a realidade de que qualquer ser humano vive dores na alma, sofre, precisa de descanso e não é onipotente para ser e fazer tudo a qualquer hora e de qualquer maneira, maiores são as saídas para lidar de forma mais inteligente com essa experiência que aflige e assusta tantos de nós.

Dica para estar no presente
Escolha alguma atividade de que goste e que precisa de prática para ser aperfeiçoada. Desenvolva a sua disciplina e tente fazer um pouco dela todos os dias. Não interessa quanto tempo por dia: o importante é que seja constantemente aperfeiçoada. Uma atividade interessante para manter a mente no aqui e agora é dançar. Quando dançamos, é como se o tempo estivesse parado apenas no imediato.

Como dividir com alguém sua ansiedade?

Não compartilhe suas dores e angústias com quem não tem a grandeza para ajudá-lo a transformar o seu momento. Quando não há essa possibilidade, seus problemas serão combustíveis para fofoca, entendimentos distorcidos ou, simplesmente, descaso.

O que ajuda num instante de crise é lançar mão de recursos - que devem ser desenvolvidos ao longo da vida - que nos abasteçam e acalmem emocionalmente, e que possam servir de auxílio num momento de ansiedade aguda. Portanto, observe seus pensamentos e toda a informação que vem de fora, de suas leituras e conversas. A pressa para entender e se livrar da dor causada pela ansiedade pode, ao invés de mitigá-la, aumentar sua intensidade ainda mais. A ansiedade não costuma responder bem a pensamentos do tipo "não posso ficar ansioso", "tenho que me livrar da ansiedade", "ficar assim demonstra minha fraqueza" etc.

Não se assuste: a vida sempre, em alguma etapa, pode dar errado. Algumas vidas se beneficiam dos erros e dos fracassos, outras sucumbem e desistem. Assim como sempre pode dar errado, também pode dar certo. Escolha o que quer transformar, uma coisa por vez. Excesso de regras engessa, dificulta a ação e impede o uso de maior flexibilidade, sem dúvida colabora para o incremento da ansiedade.

Como vamos construindo um estado de ansiedade?

Como pudemos acompanhar no início deste livro, a ansiedade é tão antiga quanto andar para frente. Toma lugares diferentes de acordo com o momento histórico e as demandas que cada contexto biopsicossocial exige.

O que temos presenciado é uma transformação rápida e profunda no modo como nos relacionamos com a realidade. Nem sempre é fácil acompanhá-la, decifrá-la e nos adaptarmos a ela. Antes o que parecia esperado pode hoje parecer ultrapassado. O que era referência deixa de ser, e o lugar se torna desocupado e vazio. As relações se banalizam, e tudo parece líquido, como diz o sociólogo Zygmunt Bauman. Cada um tem que se ver com as próprias realidades, sendo muitas vezes angustiante ser confrontado com as coisas como são. Afinal, o que é real? O que é realidade? Você já pensou sobre isso?

O que nos resta e nos toca todos os dias é certo nível de angústia, muitas vezes como estado que nem sempre sabemos nomear, conectar a algo concreto, visível, o qual nos apresente um começo, um meio e um fim. Medo, preocupação, felicidade e prazer ocorriam antes, num mundo moderno, em razão de realidades externas ao sujeito. Tínhamos uma espécie de clareza sobre o que ansiar, como se houvesse certa lógica.

De fato, cada vez mais pendemos para a subjetividade, já que estamos diante de uma realidade alucinante, imprevisível e incerta. O próprio capitalismo, para existir, vende a ideia de que o céu é o limite, tudo faz parte do possível. Não há necessariamente nexo causal na ansiedade que nos invade. Usando um termo filosófico, é como se a teleologia, doutrina que identifica a sequência causal para uma finalidade, tivesse se perdido. Podemos ilustrar com um triste exemplo: um jovem entra numa escola, atirando e matando outros jovens e professores. Essa imprevisibilidade, sem aparente nexo causal, mostra uma realidade impactante e inesperada. A ansiedade é o que nos acontece também sem qualquer possibilidade de controle.

O medo aponta para uma realidade externa e palpável que ameaça. A ansiedade é uma espécie de percepção de algo desconhecido sobre o qual não temos controle e quase sempre é iniciado por questões subjetivas. Vale aqui sublinhar que o que chamamos de subjetividade começa a existir quando a categoria indivíduo passa a ter relevância. A subjetividade diz respeito à experiência interna, individual. Para algumas culturas, como as indígenas, a experiência interna de uma pessoa não é algo compreensível. Toda experiência é resultado das interações grupais e das tradições.

Para o homem contemporâneo, a experiência individual é parte da existência. Dessa forma, a ansiedade é uma das experiências emocionais que acompanha a ideia de indivíduo, uma ideia ainda nova na história da humanidade. Boa parte da história do homem e da sua evolução ocorre em comunidade, não na dimensão individual como hoje vivemos. É também nesse contexto que a realidade se torna mais e mais complexa, incerta e absolutamente mutante.

Depois das duas Grandes Guerras, muitas mudanças ocorreram e impactaram o modo de construção da realidade: novos hábitos, costumes, comportamentos, modo de funcionamento da economia e a criação de diversas organizações que tinham como objetivo a vigilância e a defesa para evitar conflitos, como ONU, CIA, OMS E KGB.

A mudança marca a presença cada vez maior da ansiedade permeando o dia a dia do sujeito. Sempre que a realidade nos acomete, desconectamos de alguma forma da realidade, em especial quando perdemos as referências externas ou as consideradas fundamentais anteriormente.

A principal ideia que move o sujeito, nesse contexto de desconstrução das referências, é o que antes foi descrito como mentalidade pós-moderna. Momento em que o investimento humano está na liberdade, tudo se pode, tudo é possível.

Os valores não são mais o que pareciam ser porque acreditamos, por meio da razão, que entendemos os mecanismos de produção deles. A cada dia se criam mais comitês de ética para dar conta do que é o bem e o mal, embora muitas vezes não se tenha ideia do que vêm a ser.

Ser livre é um peso monumental. É bastante presente a necessidade de encontrar quem nos diga o que fazer, para onde ir. Queremos investir nos afetos e no amor, mas como confiar? Qual será o tempo de duração para as relações que podem ser desinvestidas a qualquer momento, por qualquer coisa, bastando olhar ao redor?

A ansiedade surge e se mantém nesse caldo de pessoas que se movimentam, se paralisam e se amedrontam sem compreender quem são e quais os seus limites. Já que todas as possibilidades são possíveis, nada passa a ter muito sentido.

Nesse cenário de incertezas e imprevisibilidade, seria pedir muito não ser atingido por alguma dose de ansiedade. Por isso, essa experiência não deve ser tomada nem como inimiga nem amiga, mas apenas como o resultado de uma realidade em constante mudança, que precisa ser aceita, entendida para que possamos saber quem somos a partir dela e, com isso, conseguir mapear as áreas que necessitam de atenção. Mais à frente falaremos de algumas áreas da vida e como são atingidas pela ansiedade.

A ansiedade precisa ser explorada e escalada para crescermos, entendendo as lógicas do seu funcionamento dentro de um novo modelo e de um novo paradigma que contemple a complexidade dessa realidade em que estamos inseridos.

Saber lidar e interagir com a ansiedade, sem ser vítima ou sempre protagonista, é não imaginar que se estará livre dela, é dar crédito a ela para entender o que quer comunicar sobre cada um de nós e sobre nossa realidade.

Como sabemos que a ansiedade passou do ponto?

Quando a ansiedade se torna um transtorno de ansiedade? O sinal mais visível é o tamanho do sofrimento e o tempo que permanece, ou seja, o período em que a pessoa se vê impedida de dar prosseguimento aos seus afazeres e projetos, transformando o viver em algo insuportável, disfuncional.

A ansiedade que não produz intenso sofrimento também provoca incômodo, mas é passageiro, não traz, de forma contínua e intensa, impedimentos nem sintomas físicos como desconfortos gástricos, insônia, dores de cabeça, respiração curta e difícil. Os sinais de sofrimento são diferentes dos sinais de desconforto. Nem todo desconforto indica sofrimento, mas todo sofrimento tem início no desconforto.

O AMOR TAMBÉM TRAZ ANSIEDADE

Quando o amor chegar, sigam-no,
mesmo que o caminho seja íngreme, árduo.
E, quando suas asas os envolverem, entreguem-se a ele
ainda que a lâmina oculta entre as plumas possa feri-los.
Khalil Gibran, *O profeta*

Cada um de nós pode lembrar a primeira experiência de sentir certa agitação diante do primeiro amor. Aquele momento em que achávamos que havíamos encontrado em alguém algo muito importante e intenso, quase vital. Seja lá como tenha sido, a maior parte de nós pode ter vivido essa experiência. Quem sabe o primeiro encontro, o primeiro beijo e, algo mais raro, ultimamente, em nossos tempos, a expectativa da primeira relação sexual cercada de mistérios e medos? Sim, viver o encontro não deveria ser algo trivial, algo corriqueiro que acontece de qualquer forma ou de qualquer maneira. Entregar-se ao amor, a uma relação e à construção de uma vida amorosa não ocorre sem certa ansiedade, algum anseio, alguma angústia, algum medo. "Que será que encontrarei no outro? O outro me aceitará? Como devo fazer para me fazer amado? Como amar? Por quanto tempo estaremos juntos?"

Sem dúvida, a experiência do amor pode ser uma das poucas oportunidades que nos coloca, querendo nós ou não, na linha de frente para correr riscos. Qual risco? O da perda, da rejeição e do término. O amor carrega no seu núcleo a morte. Isso quer dizer que todo amor pode terminar. Aliás, termina, mas, como diz Vinicius de Moraes, "pode ser infinito enquanto dure".

Amar nos provoca uma boa e única ansiedade que nos carrega para junto da vida e da experiência do amor. Por instantes, nos sentimos únicos, indivisíveis com o amado. É uma boa ansiedade? Sim, mas traz consigo medos, receios. De fato, amar não é uma parada que topamos de qualquer maneira, requer certa coragem.

Roberta, após o término de um relacionamento a que se dedicou e se entregou durante quase cinco anos, se vê de um momento para outro sozinha. José rompeu e justificou que não tinha mais por ela qualquer tipo de atração. Após dois meses, Roberta decide entrar num aplicativo desses que temos a todo momento à disposição num simples teclar. Só de acessar se vê tomada de certo medo, mas decide continuar. Conhece Marcos! Seu coração dispara a cada mensagem, um frio na barriga e uma respiração curta a cada troca de palavras. Não, Roberta não estava vivendo um transtorno de ansiedade, mas a expectativa de uma nova relação que, bem ou mal, carregava experiências anteriores e fantasias as mais diferentes. Ela repetia: "Não é ruim o que vivo, é intenso. Torna-me viva!".

A ansiedade é um sinal de vida e de sobrevida, pode motivar e nos preparar. Roberta tinha medo daquela intensidade, mas, ao mesmo tempo, contava com ela para seguir.

Marta se arrumava para o primeiro encontro. Tudo nela palpitava, se inquietava e impulsionava a vontade de ir naquele primeiro *date*. A ansiedade, nessas situações, pode ser vista como parte integrante da experiência. Com Marta, em algum momento, essa ansiedade atingiu certo pico e, diante da possibilidade imediata de conhecer um novo alguém, ela parou, paralisou. Sentiu uma agitação de tal ordem que levou quase trinta minutos para entrar no restaurante onde estava aquela pessoa. Respirou, fechou os olhos e pensou no que a sua terapeuta havia dito: "Se tiver medo, acalme-se, respire e continue. É somente uma possibilidade". Ela retrucara: "E se eu ficar ansiosa?". A terapeuta respondera: "Você ficará ansiosa, já está, faz parte. Carregue tudo com você e vá".

Como diz Gibran, o amor coroa, mas crucifica. Amar é uma experiência cada vez mais rara, porém, não menos buscada, a qual implica disposição, escolha e risco. Como muito bem nos traz Zygmunt Bauman no seu livro *Amor líquido*, no mundo contemporâneo, cada vez mais os laços humanos estão corroídos pela insegurança, fragilidade e possibilidades imediatas de trocas e términos.

Sim, amar pode ser bom, mas sempre se acompanha do medo, do receio e da incerteza. No mundo de tantas modernidades, tudo muda com impressionante rapidez, e amar não escapa à regra. Assistimos a uma espécie de cansaço para amar, e amar cansa, desilude e requer a decisão de enfrentar certa angústia que sempre acompanhará a decisão de amar.

A ansiedade nos coloca diante de uma importante contradição: sem ela não vivemos, com ela padecemos. Acrescento: mesmo sendo uma boa ansiedade, ela nos toca na intensidade e na incerteza que carrega.

No atual momento, em meio a uma mudança monumental – talvez equivalente àquelas trazidas pela Revolução Industrial –, assistimos a inúmeras formas de se relacionar amorosamente e de encontrar parceiros e parceiras. Ainda que o amor traga, dentro de uma visão romântica, certo ar de segurança, tranquilidade e uma espécie de fusão entre os amantes, não se pode negar que o desejo dele faz parte. O desejo do outro por mim e o meu desejo pelo outro.

Na filosofia epicurista, o prazer, *hedoné*, era considerado uma espécie de inimigo do bem viver. Quanto menos desejo, menos acúmulo, menos posse e uma vida mais parcimoniosa. O prazer era ter o suficiente, não era planejar o acúmulo para o futuro. Ora, é inegável que, quando amamos, há um contínuo desejo para um futuro previsível, carregado de expectativas. As expectativas passam pela ideia ilusória de satisfazer as necessidades do amado e este, as nossas. Uma relação que satisfaça todos os nossos desejos profundos e rasos, e em que aquele a quem devotamos o amor seja capaz de atender às nossas mais diversas necessidades.

Exige-se desempenho no amor, produtividade e satisfação. Podemos imaginar quanto custa amar? Sairmos de nós, olharmos o outro, nos colocarmos em seu lugar, sermos olhados e tantas vezes nos darmos conta de que não somos suficientes e capazes de cuidar? Esse é um processo que envolve uma parcela de ansiedade. Às vezes, insuportável, nos corrói por dentro, atinge nossa alma e nos joga em situações de muitas dúvidas e medo.

Sim, o cardápio de relacionamentos é vasto, há de tudo a qualquer hora e em qualquer lugar. Entretanto, nem sempre é possível alcançar a experiência amorosa.

Outros fatores são a temida solidão e a ideia de que, se não for possível formar uma parceria, parece não haver confirmação da competência afetiva. Amar e se relacionar também entra no rol das mais diversas competições que temos estabelecido em quase tudo. Como não trazer ansiedade? Como não se angustiar diante de tantas facilidades, disposições, variedades, mas que enganam quanto à disponibilidade de estabelecer vínculos consistentes e duradouros?

Marcelo é um homem que a maior parte das pessoas pode considerar interessante, inteligente e bem-sucedido, mas se queixa de não conseguir encontrar o seu par para construir um projeto de vida a dois. Ocorre, entretanto, uma contradição do seu desejo: a cada vez que um homem pode vir a interessá-lo, Marcelo tem verdadeiras crises de ansiedade. Uma ansiedade que mistura alegria, frio na barriga e fala acelerada. Ele diz: "Quero que tudo dê certo, quero ser legal, e vou ficando ansioso, aflito e acabo insistindo, elogiando sem parar e, sei lá, perco a mão". Marcelo, depois de cada encontro, está cansado, carregando um sentimento de inadequação e frustração. Sua ansiedade quer muito que tudo dê certo, busca agradar e, claro, quando não bem dirigida e compreendida, turva o melhor de qualquer um. Perdem-se a espontaneidade e a tranquilidade para entender que o que mais atrai em alguém é sua paz de ser quem é.

Fácil é falar, não? Quantos de nós já vivemos experiências frustradas e sem muito sucesso nas tentativas amorosas? Lembro que, quando era muito jovem e havia um garoto que me interessava, dava um jeito de passar por ele na escola, na praia. Isso me gerava tanta ansiedade que um dia tropecei e caí. Que vergonha para uma menina de 13 anos! Todos à minha volta riram e tive que gargalhar também. Não tinha ideia de que aquilo era uma ansiedade própria da conquista, da paquera e do medo de não ser aceita. Só sabia que sentia uma sensação no estômago, boca seca e mãos frias. Olha só o que não faz a ansiedade na busca de um amor.

O que tenho observado na minha prática clínica é uma espécie de falta de naturalidade para formar parcerias amorosas. Relacionamentos afetivos ocupam posições interessantes e contraditórias. Se, de um lado, manter-se afetivamente relacionado é um desejo de boa parte das pessoas – alguns consideram que a construção de boas parcerias afetivas é um dos pilares para um bom viver –, de outro, os relacionamentos afetivos, amorosos são, pela sua própria natureza, produtores de inúmeros desconfortos, embaraços, temores e inquietações. Buscar o amor, para muitos, vira um projeto de vida como, por exemplo, comprar uma casa ou fazer um mestrado. Amar, doar-se ao amor, requer suportar uma experiência duvidosa, incerta, percebem? Por quê? Talvez pela razão de que qualquer relação afetiva requer aceitação da dependência, da desilusão, dos desencantos do amor romântico e, por outro lado, da paciência, da espera e das sucessivas construções e reconstruções.

A ansiedade dos tempos atuais encarna o ritmo acelerado, os altos níveis de exigência e eficiência - pasmem! Todos precisam ser eficientes, cumprir requisitos e "entregar resultados" nos relacionamentos. Esses resultados estão sempre sendo medidos e, quando se percebe que, por algum motivo, o jeito de um se relacionar é apenas diferente do outro, se considera um fracasso, e o medo, a ansiedade entram para valer.

Muitas pessoas, ao se encontrarem, já iniciam os planos de morar juntas, casar, formar uma família. A ansiedade logo se revela na necessidade de controle de um futuro. Busca-se o resultado sem se deixar viver a experiência. Atualmente, viver carrega essa ânsia por referências, predições e adivinhações sobre o futuro. O mundo contemporâneo não suporta a dor, a espera, o limite, a falha e o engano, e se relacionar amorosamente envolve tudo isso.

A família como fonte de confiança e pertencimento

O que é família? Já pensou a respeito? Como sua família foi constituída? Que família tem ou gostaria de ter? Qual a relação entre sua família ancestral e você? Se já constituiu uma família, quais são os princípios que lhe orientam nessa formação?

Essas questões são sempre instigantes e nos acompanham pela vida. Seja lá como for ou tenha sido sua família, ela sempre estará, de alguma maneira, marcada na sua existência.

Não é à toa que família é um dos temas mais complexos e centrais da trajetória humana na Terra, pois tem relação direta com a descendência. Vale dizer que, durante muito tempo, a família foi diferente de como hoje a imaginamos e vivenciamos. Por exemplo, na Pré-História e na Idade Média, a família com a organização que conhecemos atualmente era inexistente. Se você não vinha de uma família abastada, mal sabia quem era seu pai e, muitas vezes, era abandonado à própria sorte.

Quando os seres humanos começaram a se agrupar, tinham como finalidade facilitar a vida, buscavam laços, mas também almejavam a colaboração para dar conta da sobrevivência de cada um e da sua descendência.

Grupos de pessoas sempre caminharam ao redor do mundo, procurando mais e mais lugares para se estabelecerem e se agruparem. Cada pequeno grupo, unido por laços sanguíneos, foi crescendo e formando os clãs. Com o sedentarismo, os clãs de famílias deram origem a tribos e, posteriormente, às cidades.

Até mais ou menos o fim do século XIX, a família era considerada uma instituição natural que atendia a necessidades de sobrevivência e pertencimento. Uma espécie de laço de confiança para a procriação e a continuidade da espécie, garantindo a proteção e o compartilhamento da alimentação.

A família era como uma expressão de uma vontade divina no seu modo de ser e na sua configuração. Tudo tinha que atender a modelos estabelecidos.

A partir do início do século XX, a família passa a ocupar o lugar de uma instituição social, o que agrega a ela o aspecto histórico, o que quer dizer que está submetida à ação do tempo, das transformações sociais, econômicas, culturais, das variações de lugares e espaços por diferentes partes do mundo. A família como instituição é um organismo vivo que se modifica ao longo dos tempos. Ela talvez seja uma das primeiras e mais importantes instituições que revela, com rapidez e clareza, as mudanças operadas numa determinada época.

Em 1986, o psicanalista Sérvulo Augusto Figueira escreveu sobre o impacto do intenso processo de modernização pelo qual o Brasil passava, afetando praticamente toda a sociedade, os modos de produção, indústria, agricultura, organização urbana, sistema de comunicação, assim como a família e a formação da subjetividade de todos que dela participavam.

Em uma coletânea de artigos que ele organizou, há uma discussão importante e atual, talvez mais atual que nunca, sobre os impactos da modernização na formação da família no Brasil, quando observamos um entrelaçamento que se alterna entre o moderno e o arcaico, antiquado.

Figueira examina os impactos das mudanças ocorridas desde a década de 1950, quando prevalecia o modelo hierárquico, já percebido por muitos de nós como tradicional, conservador e coisa do passado. Nestas quase quatro décadas que nos separam do trabalho de Figueira, a família vem mudando muito através de um processo não só de modernização, mas também na sua estrutura com a chegada de um universo diverso de configurações. É evidente que tudo isso impacta a formação do casal, educação dos filhos, divisão das tarefas e atenção maior à elaboração do orçamento familiar de forma mais igualitária.

A concepção de família hierárquica ainda está presente, latente, nos dias atuais, apesar da diversidade, cada vez maior, que vem impactando a concepção tradicional de família - casal heterossexual e seus filhos. Curiosamente, já em 1986, Figueira, por meio de seu livro *Uma nova família?*, mostra como em um país como o Brasil, marcado por inúmeras e profundas diferenças econômicas, boa parte da população já não vivia um tipo de organização familiar tradicional. Desde sempre muitas famílias brasileiras se organizam a partir da família estendida - avós, parentes, agregados, amigos e, não pouco frequente, temos inúmeras famílias monoparentais chefiadas por mulheres.

As mudanças ocorridas entre as famílias hierárquica, arcaica e moderna, utilizando os termos usados por Figueira, envolveram hábitos, costumes e tradições, e nada disso se deu da noite para o dia. Não dormimos tradicionais e acordamos contemporâneos. Tudo isso requer que se processem as inúmeras adaptações e transformações que vão se operar no que chamamos de subjetividade de cada um e, portanto, no que virá a ser a família. E o que quer dizer subjetividade?

A subjetividade diz respeito ao que é invisível aos olhos, mas visível nas decisões, escolhas e atitudes no cotidiano. São o imaginário, as emoções, o desejo, as convicções e aquilo que trazemos na nossa bagagem do que é conhecido como dimensão psicológica.

Marcos e Roberta decidiram se casar. Ambos vêm de famílias caracterizadas como tradicionais. Decidiram por um casamento que estava no modelo mais conhecido, com cerimônias civil e religiosa. Planejaram uma vida com filhos e tinham em mente que, de acordo com o crescimento na carreira de ambos, Roberta poderia interromper a vida profissional para cuidar dos filhos, pelo menos por um ano. Passados quatro anos, o casal teve dois filhos. Ambos necessitaram rever o planejamento passado e concluíram que Roberta não poderia parar a atividade profissional. Precisariam produzir receitas para o sustento da família e a suposta qualidade de vida que pretendiam oferecer a eles próprios e seus filhos. Para fornecerem boa moradia, boa formação educacional e lazer aos filhos, atualmente, os casais precisam ter uma rotina que em nada atende aos padrões de qualidade de vida.

São extenuantes jornadas de trabalho, momentos de muita solidão, exigências de cumprimento de performance, metas e decisões tomadas em meio a níveis altos de ansiedade, e Marcos e Roberta não fugiram à regra.

Quando me procuraram, buscavam entender os melhores caminhos para conduzirem a família de forma mais coerente e sustentável. Compreendiam as inúmeras mudanças e possibilidades existentes para dar continuidade à parceria, mas se sentiam perdidos quanto às escolhas que estavam fazendo e a tudo aquilo que, idealmente, traziam como conceito de família. Para Marcos, a mulher, mesmo sendo tão importante para a construção do orçamento familiar, devia se manter acessível aos filhos. Roberta custava a acreditar que, em pleno século XXI, Marcos tivesse esse conceito, sendo que sempre foi um incentivador e admirador da sua carreira. Marcos, de outro lado, não se dava conta de que repetia o padrão da sua família de origem. O resultado eram discussões intermináveis, permeadas por acessos de ansiedade e pânico de que aquela parceria poderia se desfazer mediante tantas contradições.

Essa é uma situação, aparentemente, simples e óbvia, mas são questões dessa grandeza que têm acompanhado inúmeras pessoas que se veem envolvidas e dispostas a construírem um projeto de casal e de família. Aqui, temos que compreender que há, no imaginário de cada um de nós, uma família ideal nem sempre correspondente àquela que se mostra na realidade.

Aquela família hierárquica aparece como relativamente organizada, com papeis definidos e, até certo ponto, mapeados, tomando emprestado o termo usado por Figueira. Quando se fala dessa estrutura de família, não quer dizer que ela não contenha conflitos reais e potenciais. Neste modelo de família, por exemplo, homem e mulher se percebem intrinsecamente diferentes e essa diferença se faz notar visivelmente no tipo de roupa, linguagem, comportamento e modos de sentir. O poder do homem é marcadamente superior ao da sua esposa, justificado pelo fato de o homem ter a oportunidade de um trabalho fora de casa e a expectativa da monogamia, claro, somente por parte da mulher.

A relação entre pais e filhos também carrega importantes diferenças. Adulto é diferente de criança, e está na posição de que sabe mais e melhor. Esse poder de mando e do saber se revela e, segundo esse modelo, deve se mostrar no exercício da disciplina. Mãe e filha são diferentes, já que a primeira é casada e mais velha.

Na família hierárquica, tudo se constrói em torno das posições determinadas por sexo e idade. Além disso, há inúmeras posições quanto ao "certo" e ao "errado", além de formas de controle de comportamentos, desejos e pensamentos que possam sair do previsto. Como qualquer sistema construído com base na hierarquia, há diferença de privilégios.

Com certeza, o processo de modernização da família trouxe para dentro da sua organização a doutrina do "igualitarismo", que, sem dúvida e sobretudo, impactou as relações familiares e as posições ocupadas pelos seus membros. A maior horizontalização e uma certa mobilidade de fronteiras hierárquicas das relações na família moderna trouxeram para dentro dela uma primazia para o desejo de cada um dos seus membros na constituição das suas relações afetivas, em relação a modelos mais tradicionais de cunho religioso ou baseados em valores patriarcais, ainda bastante presentes em nosso imaginário de família brasileira.

A mudança entre a família hierárquica e a família moderna também é marcada por uma proposta que dá ênfase ao desejo individual, aos afetos, às relações de afeto que, de alguma maneira, então, contribuíram para aumentar essa pluralidade na diversidade das famílias, o aumento do índice de separações, divórcios, recasamentos, uniões homoafetivas e produções independentes. Tudo isso colaborou para retomarmos a pergunta: o que é família? Cada vez mais, a resposta a essa questão precisa considerar o que cada um entende por família, que pode conter os arranjos mais variados, baseados ou não em relações sanguíneas.

Rosa é uma empresária bem-sucedida. Quando chegou aos 42 anos, decidiu por fazer uma produção independente. Após alguns anos trabalhando no tema, iniciou o processo que resultou no nascimento de dois lindos e saudáveis meninos. Rosa tem, segundo ela, a mais importante experiência amorosa de toda sua vida. Dedica-se aos filhos com todo afinco e devoção que tem disponíveis. Cinco anos depois, voltou a me procurar bastante ansiosa quanto à educação dos filhos. Sentia-se sozinha para dar conta de tantas demandas, principalmente afetivas. Não eram inquietações muito diferentes daquelas trazidas pelo nosso casal que descrevi anteriormente.

Mauricio e Joaquim decidiram fazer uma barriga de aluguel. Tornaram-se pais de uma linda menina. Vieram ao consultório trazendo questionamentos sobre a educação da filha e como criar uma família que fornecesse segurança, cuidados e muito carinho. Estavam atordoados com as demandas profissionais, familiares e pessoais. Como agregar tudo isso?

Em ambos os casos, a ansiedade era visível e convivia com a realização pessoal, mencionada por cada um, de poder criar e educar descendentes, seus filhos e filhas. O compromisso amoroso com a estrutura que se propuseram criar era inquestionável, mas não diminuía suas imensas dúvidas, que se traduziam em questões como: será que se houvesse um pai era mais fácil? Será que se fôssemos um homem e uma mulher teríamos menos dúvidas?

Os novos modelos de família possuem um enorme desafio: se descolarem de um modelo tradicional, no qual, inclusive, seus membros foram originalmente criados, para construir um novo modelo que tenha claro que, mais que um pai e uma mãe físicos, o que está em jogo é que as funções materna e paterna sejam desempenhadas com clareza e amorosidade, independentemente de a família ser chefiada por uma mulher, dois homens ou duas mulheres. Formar uma família, educar filhos exige contínuo cuidado, atenção e uma boa e firme autoridade que se revela na transmissão da segurança afetiva e na construção de bons modelos como referência.

Apesar dos possíveis ganhos que se obtiveram com a mudança de uma família hierárquica para uma família mais igualitária, que promove maior interação na identificação e resolução de alguns conflitos, permaneceram inalterados alguns aspectos desse contrato que pode se iniciar com o casamento. As diferenças entre as lideranças e os principais cuidadores (homens e mulheres, formando pares hétero ou homossexuais, ou apenas pessoas que optaram pela parentalidade independente) tendem a desaparecer, importando mais as diferenças pessoais. Todas as outras diferenças - sexuais, etárias e posicionais - estão subordinadas às diferenças pessoais e idiossincráticas.

Atualmente, temos inúmeras formas de organizar uma família, sobretudo no que diz respeito às possibilidades de um casal ou uma pessoa ter filhos, assim como a opção de não ter filhos. As relações entre pais e filhos têm se tornado mais horizontais, como descrevi antes. Interessante observar que o conceito de autoridade parental, a cada dia, sofre modificações e se amplia de modo a se afastar de qualquer ideia próxima do que se via na família hierárquica.

Emergem novos ideais que desalojam o modelo tradicional de família, com aquisição de novos modos de ser e de estar. Sem dúvida, o tamanho das famílias diminuiu bastante e as condições oferecidas para o bem-estar dos seus integrantes encareceram, exigindo mais horas de trabalho e um enorme compromisso em preparar os filhos para um mercado de trabalho que sofre também mudanças importantes, com o surgimento de novas profissões e novas maneiras de trabalhar, como o *home office*, adotado e intensificado durante a pandemia do coronavírus.

O que observo, na minha experiência clínica e pessoal, como principal mudança na formação da família é a inclusão cada vez mais significativa da mulher como produtora de parte significativa dos recursos financeiros. Ela vem ganhando mais espaço como condutora da família, situação conhecida há muitos anos nas classes mais desfavorecidas. Nessas camadas da população, a mulher sempre trabalhou e, não raras vezes, era a única responsável pela sobrevivência da família.

Curiosamente, como comentei no início desse capítulo, nem sempre a mudança da família hierárquica para a família moderna se deu sem consequências e impactos importantes. O que vamos acompanhando é que ainda a ideia de formar uma família, seja ela como for, faz parte do imaginário de homens e mulheres. As festas de casamento e todos os rituais que dele fazem parte ainda são ambicionados por muitos casais. Há um imenso anseio em torno do casamento e da possibilidade da constituição de uma família. Casar é um passo ainda considerado por muitos como sinal da vida amadurecida, adulta e "resolvida".

Para a mulher, principalmente durante esse período da pandemia, o ônus da educação dos filhos e da vida profissional foi imenso. Não à toa, houve uma quantidade significativa de mulheres que perderam seus postos de trabalho em empresas e em outras instituições. Tomar conta dos filhos – vale lembrar que estavam sem escola e, portanto, permaneciam todo o tempo em casa – e, ao mesmo tempo, da carreira tornou-se uma tarefa ainda mais desgastante. Isso nos faz pensar que, mesmo que as posições atuais do homem e da mulher estejam menos díspares do que antes, as exigências sobre a condução da educação dos filhos continuam recaindo sobre a mulher ou sobre um dos que formam a parceria, quase de uma forma tradicional.

Certamente, a velocidade das mudanças na forma de constituir uma família e o giro significativo do lugar ocupado pela mulher no mundo do trabalho são fatores tanto relevantes como produtores de níveis altos de ansiedade. Já novos arranjos são novidade para a maior parte do que foi criado em lares que atendiam a um modelo mais previsível de família. O que não se conhece e o que não faz parte do imaginário provocam imensas dúvidas, angústias e receios.

Novas demandas requerem novos fazeres que nem sempre estão à disposição de forma imediata. Exigem aprendizado, experiência e ruptura com o que sempre funcionou de determinada maneira. Não há possibilidade de tantas mudanças não provocarem ansiedade, e é esperada uma sinalização de que algumas coisas não estão funcionando com a coerência desejada ou imaginada por seus membros.

Em um dos nossos encontros, Roberta declarou: "Apesar de termos as mesmas responsabilidades na manutenção da família, ainda o homem usufrui de um arsenal maior de possibilidades. A começar pelo fato de não ter que passar pela maternidade. Somos pessoas abertas, mas a minha liberdade vai até certo limite, e o limite são sempre os filhos. No fim das contas, assumimos lugares ainda tradicionais. É contraditório".

A ansiedade de educar os filhos

Quando o tema é a educação dos filhos, mais dificuldades e vulnerabilidades aparecem. Educar não é uma tarefa trivial, requer disposição para observar e acertar rotas constantemente. A ansiedade amorosa pelos cuidados que os filhos exigem se alterna com incertezas, medos e desamparos diante de educar uma criança. Todas as mudanças operadas na família contemporânea criaram demandas fundamentais. Por exemplo, a convocação mais enfática da figura de pai e da função paterna, não mais apenas como a de provedor, chefe da família, mas, essencialmente, como formador ativo e essencial na construção emocional dos filhos.

Educar os filhos não consiste só na educação familiar, mas em todas as atividades, escolares e não escolares, incluindo os diversos profissionais envolvidos na condução do crescimento das crianças. Acima de tudo, educar é acompanhar, supervisionar e interferir nos diversos ambientes educacionais e de convivência das crianças e da família. Filhos não podem ser emancipados antes da hora, eles precisam de cuidados ininterruptos por parte daqueles que se propuseram a ser seus pais.

Com as mudanças no conceito de família e o advento dos novos modos de se relacionar de pais, mães e filhos, surgem nas redes sociais os fóruns e as infindáveis páginas que trazem regras e mais regras sobre como agir numa família atual. As teorias sobre desenvolvimento infantil, parentalidade e educação deixaram de ser monopólio de sérios cientistas e pesquisadores que durante anos observam e atestam hipóteses. Hoje, qualquer pessoa pode se considerar "especialista" em educação infantil, formação de família e relações que circundam a vinda de crianças ao mundo.

Se, de um lado, há mais informação circulando, o que poderia ser uma grande aquisição facilitadora, de outro, há imensos equívocos; a ansiedade dos pais sobre estarem fazendo certo ou errado nunca foi tão intensa. Parece que há uma oferta falaciosa de caminhos fáceis para educar uma criança, torná-la brilhante, bem-sucedida, empática e salvadora da natureza. Os pais estão cada vez menos possuidores de autoconfiança e legitimidade para seu desempenho parental.

Varre-se para debaixo do tapete toda e qualquer possibilidade de que a tarefa de educar passe mais por quem são os pais, como expressam seus valores, deixando claro que são eles seus principais cuidadores. Os pais se distanciam da sua intuição, da experiência insubstituível que é estar com seu filho e da amorosidade da relação para adotarem as mais diversas teorias educacionais, vindas de todos os lados, e que quase sempre estão a serviço de um certo acerto de contas dos pais com sua origem: "quero educar meu filho de forma oposta à que meus pais me educaram!". O que isso significa? Os filhos serão o triunfo em relação aos pais? Quero mostrar que serei melhor que meu pai ou minha mãe?

O resultado é que, como profissionais de saúde, assistimos todos os dias a pais ansiosos, buscando se preparar melhor, munidos de teorias e livros para aplacar a angústia e a incerteza que educar um filho traz. A família hoje deixou de ser fechada, hierárquica, na qual o pai era o detentor da autoridade e a mãe, responsável pelos cuidados da prole e do funcionamento da família. Na qual aos filhos cabia o respeito misturado com certo medo da autoridade dos pais. Quando criança e adolescente, lembro de ter absoluta clareza de quais atitudes poderiam ser relevadas, perdoadas, e o que jamais seria negociado. Sou de uma geração em que a família não era propriamente um lugar de diálogos e de possibilidade de muitas discordâncias. Os lugares de pai e de mãe eram marcados por fronteiras bastante hierarquizadas.

Quando o pêndulo da história se movimenta, estabelecendo novos paradigmas, hábitos e costumes, quase sempre elimina o ruim e o bom da posição anterior. Há um previsível descarte do antigo para a consolidação de novas bases. Claro, nesse deslocamento dos conceitos de família hierárquica para uma família em que há mais diálogo entre filhos e pais e mais consideração pelas individualidades, não se pode negar os diversos equívocos que se estabelecem, aproveitando-se pouco as virtudes de cada modelo.

Observo, com frequência, pais que infantilmente pedem para ser amados pelos seus filhos, vivem a vida a partir dos filhos, que são o centro de tudo e de todas decisões. Os filhos carregam a imensa tarefa de fazer seus pais pessoas realizadas. Alguns acreditam, de forma pueril, que os filhos a partir deles serão felizes para sempre. Ora, isso será impossível! Educar é, acima de tudo, uma lida diária de acertos e erros, progressos e retrocessos.

Muitos pais trazem uma ansiedade permanente de não estarem agradando os filhos e buscam reafirmações constantes de amor. Ora, o amor é um sentimento complexo e sofisticado, difícil de ser compreendido por crianças e adolescentes. E, mais, filhos não deveriam vir ao mundo para salvarem os pais deles próprios. O amor dos filhos nasce na corrente do cuidado e do respeito que seus pais têm em relação à tarefa infindável da parentalidade. Como os filhos podem se sentir seguros no amor dos seus pais se estes se sentem enfraquecidos como tais? Cada dia se vê com mais frequência como os pais também precisam ser cuidados e atendidos nas suas dúvidas. Não é incomum pais se sentirem desamparados e perdidos nos caminhos da educação dos filhos.

Angélica e sua filha adolescente vieram ao meu consultório em busca de ajuda para melhorar a comunicação. Enquanto conversavam, observei a forma insolente com que a filha se referia à mãe e o quanto esta se deixava levar pelas falas cheias de autoridade da filha. Na verdade, ambas estavam buscando suas posições. A filha acusava a mãe de ser contraditória, ansiosa e rígida. Repetia insistentemente que não amava a mãe por inúmeras coisas. Todas faziam parte das demandas de uma adolescente. A mãe chorava pela suposta rejeição da filha e a filha demandava uma mãe que resistisse a ela e oferecesse força. Era notória a fragilidade emocional que entrelaçava mãe e filha. Ambas pediam colo, ambas eram filhas. Faltava ali o que chamei anteriormente de boa autoridade, da firmeza amorosa que se busca no exercício da função parental no cuidado presente.

Essa situação ilustra como a falta de posições de autoridade bem estabelecidas e amorosas pode deixar uma adolescente perdida e, como reação, fazer com que tome o poder de condução na relação familiar. Quase sempre a experiência mostra que situações como essa podem dificultar a relação entre pais e filhos. Filhos querem ser cuidados e não deveriam estar no lugar de cuidadores da família. Quando isso acontece, os lugares, ficam invertidos.

A ansiedade pelo amor dos filhos leva, por vezes, os pais a apresentarem um mundo aos rebentos onde tudo é possível, basta querer. O resultado são crianças e adolescentes com pouca tolerância à frustração e uma relutância para compreender que a vida nem sempre lhes será favorável. A ansiedade pelo amor retira a oportunidade de os filhos desenvolverem a boa ansiedade, o desejo, o arranque para explorar a vida, tolerar seus riscos e suas frustrações.

Me veio uma lembrança da minha mãe me dizendo: "O que me importa é educar vocês. Não, não pode sair até tarde da noite". Quanta raiva eu sentia, prometia nunca mais amá-la. Mal sabia que havia ali a construção de um amor profundo que tomava o respeito como fonte original.

Alguém pode me dizer: "Não é possível criar os filhos como você foi criada. Os tempos mudaram!". Sim, é verdade, muitas coisas mudaram, mas outras permanecem. Por exemplo, a presença dos valores e referências na educação. É preciso decidir, como família, em quais valores será pautada a condução da educação dos filhos. Não reconhecer as mudanças é tão alienante e distante quanto traçar o ser e o fazer familiares nas regras anunciadas pelo coletivo. Somos essa mistura de individualidades e pertencimento sempre! Acompanhamos as mudanças dos tempos, sem perder de vista a necessidade de manter referências educacionais consistentes.

Atuar como pai e atuar como mãe se configura como um modo de ser. Uma combinação de amor incondicional com referenciais educacionais. Por isso, é um imenso desafio por si só produtor das mais diversas angústias e incertezas. Porque você ama seu filho, é preciso prepará-lo para suportar doses de ansiedade, frustração e espera. Para isso é necessário pautar, ensinar, limitar, orientar e escutar. Por meio dessa atitude de respeito a esse lugar valioso de pai e mãe, faz-se necessário mostrar ao filho que a ansiedade não é um mal por si só, é apenas um fato inerente aos processos de desenvolvimento, de crescimento e do caminho percorrido pelo ser humano na cultura.

Sim, todo aquele que pretende educar uma criança precisa de um lugar de atenção e escuta. Afinal, exercemos a parentalidade com tudo que aprendemos (ou não!) dos nossos pais, com aspectos herdados da nossa ancestralidade. Nada disso é trivial. O lugar que ocupamos colabora enormemente para a forma de passar adiante valores e princípios. Se sou alguém que não suporto esperar, ser contrariado ou rígido, não posso esperar que a criança tolere bem as frustrações.

A família não tem plano B. Sua ausência ou sua presença forte ou fraca marca cada um de nós profundamente. Dela não fugimos, mas podemos ressignificá-la e, mesmo pelos seus encontros e desencontros, buscar aprender que não se trata de sermos adorados pelos filhos, mas termos deles respeito, admiração e um amor que não depende da satisfação das nossas vontades como pais.

Vale refletir sobre como tem sido a convivência com os filhos, para aqueles que possuem. Você tem encontrado maiores ou menores dificuldades? Como você lida com o desagrado do seu filho por você? Como lida com os momentos de birra, imensa frustração mostrados pela criança? Se tem uma companheira ou um companheiro, como vocês valorizam a presença um do outro? Quando há desalinhamentos em posições na educação, como lidam com esse momento? Qual a extensão do seu tempo livre com seu filho ou sua filha? O que deseja para seus filhos? Quer que eles realizem seus mais íntimos desejos, os que você não foi capaz de realizar? Está disposto ou disposta a encarar que os filhos podem não ser brilhantes ou bem-sucedidos?

Aqui algumas ideias para brincar com os filhos e ensiná-los na lida com a ansiedade: que tal oferecer atividades que requerem um processo, uma espera para o resultado, que pode ser gratificante ou não? Por exemplo, cozinhar, fazer um bolo, jogos que requerem tempo para observar e pensar? Essas atividades colaboram para o contato das crianças e adolescentes com a ansiedade que qualquer processo de construção traz na sua essência. Ensine-os a não terem medo de estar ansiosos. Mostre que o processo é parte do aprendizado. Valem atividades que evitem o que vivenciamos todos os dias: tudo mastigado, processado, pronto e etiquetado com "quanto mais rápido, melhor".

A ANSIEDADE NA VIDA PROFISSIONAL

Não sou obrigado a vencer, mas tenho o dever de ser verdadeiro. Não sou obrigado a ter sucesso, mas tenho o dever de corresponder à luz que tenho.

Abraham Lincoln

Parece que as expectativas para um futuro profissional se iniciam muito cedo, já no imaginário dos nossos pais. Observo que tem sido imensa a preocupação de muitos deles quanto ao futuro dos filhos. Em alguns países, é comum que, desde logo, as famílias busquem prever e controlar como serão as escolhas profissionais dos filhos. Muitas são exigentes no empenho escolar e já têm uma programação predefinida de agenda para as crianças.

Devem ser brilhantes, bem-sucedidas, falarem vários idiomas e, de preferência, se tornarem profissionais de reconhecido sucesso em todos os âmbitos. Me lembro de uma família de descendente de japoneses que atendi há muitos anos, cujos pais contaram que costumavam verificar se a caligrafia dos filhos estava benfeita e se não havia erros de português. Se houvesse, pediam aos filhos para terem mais atenção ou refazerem. Essas crianças iam muito bem na escola e atendiam a uma agenda robusta de tudo quanto era atividade. A justificativa era interessante: as crianças precisavam ser estimuladas, exigidas em diversas áreas.

Lembro que, nessa época, se falava muito de um estilo de educação conhecido como *tiger parenting*. A professora da

Universidade Yale Amy Chua escreveu um livro intitulado *Grito de guerra da mãe-tigre*, em que discorre sobre a educação que recebeu dos pais chineses e sobre a importância dos princípios de disciplina. Amy Chua difunde no livro sua condução da educação das duas filhas, baseada nos mesmos princípios recebidos de seus pais e ancestrais chineses.

No lado oposto do *tiger parenting*, há o estilo de educação denominado *demanding parenting*, que tem como foco a atenção permanente às necessidades emocionais da criança, uma espécie de "educação sob demanda". São as necessidades das crianças que orientam as alternativas de resposta dos pais. Evidente que esse é um tema para outro livro, tal a sua complexidade e implicações. Aqui, estou apenas fazendo menções para entendermos que a escolha de quem e de como queremos ser talvez seja uma das coisas mais desafiadoras na vida, já que há uma imensa mistura de aspectos de todos os lados, pessoais e familiares. Nenhuma escolha ou forma de ser profissional está imune ao lugar de que viemos e à natureza que carregamos em nós.

Por todas essas razões, antes de entrar na questão dos aspectos da ansiedade na vida profissional, propriamente dita, farei um recuo, trazendo, brevemente, os conceitos de dom, vocação e propósito, algo tão em voga atualmente. A finalidade de expor algumas reflexões sobre esses conceitos é contribuir para a compreensão de que há mitos, idealizações e aprisionamentos em várias etapas da escolha profissional, no fazer diário chamado de trabalho. Essas mitificações, sem dúvida, produzem altos níveis de ansiedade que pouco ajudam a incrementar a busca essencial, central: "Quem sou eu? Por que quero o que quero? Aquilo que sou é uma pista segura do que quero ser? Qual a correspondência entre o que pretendo ser e o que posso ter, levando em conta a realidade? Qual é o meu dom, meu propósito e minha vocação?

Como faço para saber o que quero fazer? Quero fazer algo importante, deixar um legado?".

Importante contextualizar o momento histórico que deu início à busca do trabalho como um fazer que deveria ser compatível com a vocação, com o dom e com o prazer, para além de gerar recursos e prover sustento. Tudo parece indicar que foi após a Segunda Guerra Mundial, com a geração *baby boomer* (pessoas nascidas entre os anos de 1946 e 1964). A expressão pode ser livremente traduzida como "explosão dos bebês"; o termo "explosão" é usado aqui com o sentido de "crescimento desenfreado", o qual causou um *"boom"* demográfico no planeta, especialmente nos Estados Unidos.

Esse fenômeno se explica pela volta dos combatentes da Segunda Guerra Mundial, que, como uma espécie de ação compensatória pelas vidas ceifadas em batalhas e também em nome da preservação da espécie, aumentaram a taxa de natalidade. Trata-se de uma reação bastante comum após eventos traumáticos.

Nesse período, os Estados Unidos cresceram muito, ficaram muito fortes e muitas das importantes necessidades estavam sendo supridas, então não havia a percepção de questões materiais urgentes ou de luta por elas. Claro que existiam problemas, mas era essa a percepção ideológica de representação do país.

Fato curioso e importante a ser ressaltado é a marca dos *baby boomers*: eles também são conhecidos como a geração da TV. O impacto da entrada da televisão na casa da família provoca novas organizações e, quase como um parente (como a internet e as redes sociais nos dias de hoje), interfere na forma de estar e ser no mundo. Hábitos, costumes, crenças vão surgindo não só no imaginário, mas também no cotidiano imediato.

Trata-se de uma coincidência temporal de seus nascimentos com o período de invenção do televisor. A maioria deles hoje são pais e até mesmo avós, mas eram jovens durante as décadas de 1960 e 1970. Por isso, acompanharam de perto grandes mudanças políticas, econômicas e culturais pelas quais o mundo passava na época.

A televisão, evidentemente, teve um papel importante em toda essa transformação. Servia como um meio de propagação de ideias e tendências. Sua mensagem mobilizava a juventude a lutar por seus direitos, pelos seus sonhos.

Foi nesse período que aconteceram eventos marcantes no mundo inteiro. O surgimento do movimento *hippie*, protestos contra a Guerra do Vietnã, a segunda onda do feminismo, a luta pelos direitos dos negros e o combate a regimes totalitários eram algumas das temáticas da época. No Brasil, os grandes Festivais da Canção, transmitidos pela TV Excelsior, TV Globo e TV Record, eram a resistência encontrada na música para protestar contra o governo e injustiças sociais.

E então, nesse contexto, as pessoas começaram a pensar e pensar muito mais no que iriam fazer, no que queriam fazer, na própria vocação.

Vocação, termo derivado do latim *vocare*, significa chamado. É uma inclinação, uma tendência ou habilidade que leva o sujeito a exercer uma determinada carreira ou profissão. Passou a ser entendida como derivada da experiência individual e mais perseguida e aprofundada até chegar numa situação em que cada um deve trabalhar com o que gosta.

Vale ressaltar que a vocação é formada por dois elementos: a aptidão que uma pessoa tem para fazer determinada coisa, e o interesse que ela sente por aquilo.

O interesse vem por meio de experiências individuais e da influência do meio onde se está inserido. Já a aptidão é uma facilidade natural que a pessoa tem para fazer determinada coisa, está inscrita no seu DNA. É a presente discussão, trazida por ingleses e americanos, entre *nature* e *nurture*, ou seja, o que é próprio da natureza de cada um de nós e o que foi aprendido e vivenciado em nosso meio ambiente.

Desde aí se cria algo que poderia ser libertador, mas produz um efeito paradoxal, uma sentença que determina que as pessoas poderiam trabalhar somente naquilo de que gostam e serem guiadas apenas por esse gostar com remuneração. Claro que seria a combinação perfeita, o melhor dos mundos. Há quem consiga coincidir as duas variáveis: trabalha no que ama e ainda é remunerado como precisa. A realidade é que nem sempre essa coincidência é possível.

Isso tudo pode ser complicado, porque, seja lá o que você goste, isso vai ter que ser harmonizado com o que existe de possibilidade de trabalho, com o que já existe, com o que vai existir ou com o que você pode criar; de qualquer maneira, tem que entrar no sistema econômico, onde o gostar é o início; depois, você vai ter que fazer muitas outras coisas de que não vai gostar para chegar aonde quer.

A questão toda é a do trabalho. Nesse sentido, parece importante ter discernimento para compreender que não se trata só do que se gosta, mas daquilo que dá prazer e que satisfaz. Trata-se daquilo que proporciona gratificação mais profunda de fazer, aquilo que oferece uma missão na vida, uma direção, uma valorização do que se faz.

Nesse sentido, então, a questão da direção do trabalho é fundamental. Você decide o que quer ser na vida, com a percepção das coisas mais complicadas que haverá nesse caminho. O seu desejo precisa considerar a todo momento a realidade. Por quê? Porque você precisa ter alguma coisa de que goste desde o início ou, então, desenvolver um fio dentro da sua personalidade que vai desembocar em alguma atividade que faça sentido. Isso depende de tempo, da sorte, mas também depende de um desenvolvimento individual que, em última instância, tem a ver com saber quem você é!

Pergunte-se: você vai trabalhar por dinheiro? Por fama? Por visibilidade social? Por satisfação? Para ajudar os outros? Na maior parte das vezes, nem sempre essas perguntas têm respostas fáceis. Dependem da prática do trabalho, precisam de tempo para cada um descobrir quais suas maiores facilidades e dificuldades. Tornar-se um profissional requer um fazer diário, uma aferição permanente da realidade individual e coletiva. Esse é um processo que pede tolerância à angústia de se deparar com cada obstáculo, aceitando-a como vai sendo possível, sempre atento para não definir etapas tão rigidamente. As ansiedades experimentadas durante esse percurso são benéficas e criam bases sustentáveis para um interior robusto e aberto ao desenvolvimento de inúmeros talentos.

É importante saber como você é. Então, o trabalho satisfatório é aquele que você faz sem enganar a si mesmo e do qual consegue tirar prazer, embora essa não precise ser a principal motivação. Aliás, pode nem haver motivação, mas apenas o desejo de trabalhar da melhor forma. Quando uso o termo "prazer", faço-o no sentido da construção de uma vida em que não há só você, mas um entorno que constrói o sentido e participa dele. Com isso, a relação com o trabalho é algo maior que o sonho, o propósito, o dom ou o talento. É um estar no mundo em conexão com os outros, servindo aos propósitos individuais e coletivos.

E o dom? Quantos sofrem e se dizem perdidos por não saberem o seu dom, como se isso fosse algo obrigatório e necessário! Para alguns, ter um dom é como criar um canal com o divino, com algo muito maior. Tem-se a ideia de que ter um dom significa que não foi preciso haver esforço, aprendizado e investimento. É uma espécie de privilégio dado por Deus, portanto, à disposição, gratuito, reforçando a ideia de algo já inscrito desde o nascimento e aparente no modo de ser. Curiosamente, há dons os mais diversos e comuns que surgem e se aperfeiçoam com a prática e o exercício. Por exemplo, ter bom senso pode ser visto como um dom.

Dons, como talentos, podem se revelar na medida que vivemos e investimos em nosso estar e fazer no mundo. Conforme vamos amadurecendo, podemos descobrir, às vezes, sem querer e sem programação, uma série de dons e talentos. A vontade e o desejo de conhecer a própria vida e a do seu entorno já seria um dom, o dom de saber e de se comunicar. Esse caminho pode ser calmo, com oscilações próprias e momentos de incertezas, mas não uma imposição. Mais que ter dons na vida, cada vez mais se faz necessário desenvolver o discernimento para viver a vida, assim como qualquer profissão.

O dom, como especificação, é muito particular. Por exemplo, dom para música, esporte, canto, oratória etc. Entretanto, se a pessoa não tiver algo que é considerado dom, não significa que o que faz esteja destituído de valor. Não é incomum começar a vida desconhecendo os próprios talentos e dons; com o passar dos anos, dependendo dos investimentos que cada um dedica ao conhecimento do seu fazer no mundo, é possível alguns ou muitos talentos serem revelados porque, quase sempre, uma competência estimula outra pela prática, pelo trabalho. O processo é alimentado todo o tempo pelos movimentos de crescimento, aprendizado e absorção das percepções e experiências de acertos e erros, facilidades e dificuldades.

A importância do que se faz está em fazer seja lá o que for possível com dedicação, compromisso e continuidade. Só assim cada pessoa se depara com suas maiores facilidades, dificuldades, pretensões, colaborando para que a inteligência trabalhe com mais fluidez e abertura.

A ansiedade em torno do relógio

Atualmente, talvez a vida profissional, o trabalho, seja uma das áreas mais sensíveis à ansiedade e a todas as implicações causadas por ela. Houve uma época em que o trabalho se realizava na cadência do tempo agrário, um tempo que não era controlado pelo ritmo de produção, mas pela natureza. As estações do ano, a semeadura e a colheita que marcavam o início e fim das jornadas de trabalho.

Surgiu, no século XIV, um dos inventos que mais moldaram o mundo moderno: o relógio mecânico. Foi o que tornou possível a civilização industrial e fixou a ideia de desempenho na atividade humana. Os grandes relógios tomaram conta das cidades. Antes, o tempo não era medido em segundos, minutos e horas; tudo ecoava com a vida, com os dias, as madrugadas e as noites. A natureza se encarregava de fazer o tempo passar e recomeçar. Enfim, um tempo sem relógios. Portanto, não havia precisão, cada lugar tinha sua hora, assim como cada cidade vivia o próprio ritmo. O tempo não era universal como medida.

Por que trazer o relógio para falar da ansiedade? Talvez para mostrar que o advento do relógio mecânico fez muito mais que corrigir a inexatidão da medida do tempo. O relógio passou a ser um instrumento, um meio de sincronizar as ações dos homens. Com certeza, a relação com o trabalho, o conceito de produtividade e a ideia de que o tempo passa a valer mais que o próprio trabalho surgem a partir da contagem universal do tempo.

A contagem do tempo inaugurou uma relação diferente do homem com a vida e com a morte. Há um tempo presente, um tempo futuro. O ponto central da ansiedade é a espera de algo que está no futuro, o afastamento do presente, um sentimento de que algo é insuficiente, uma espécie de endividamento permanente. O tempo que começa e termina é como a dialética vida e morte. Nada há de mais real que o tempo que ficou para trás e aquele que se vive no aqui e agora.

O trabalho ganhou as mais diversas denominações. Desde os tempos mais antigos, sempre se referiu à ação do homem sobre a natureza. Muitos sempre o consideraram a dignificação do homem, uma forma de adquirir virtudes. Na tradição cristã, o trabalho surge de uma visão punitiva - a expulsão de Adão do Paraíso - e adquire um caráter penoso, marca um estado de angústia, de ansiedade que parece ter se acomodado em algum lugar do inconsciente coletivo quando se fala de vida profissional.

De um lado, algumas pessoas depositam no trabalho toda forma de revolta, atribuindo a ele insatisfação e infortúnio, atribuindo a si incompetências e, portanto, ficando excluídas do lugar de pessoas dignas que merecem reconhecimento como seres humanos. Para essas pessoas, a falta ou a presença do trabalho se refere a elas, colocando-as em lugares de pouco respeito e distantes da participação nos meios de produção na sociedade contemporânea. O lugar do fracasso, dos perdedores, das vítimas está destinado àquele que, por recusa, por medo ou por falta de preparo e recursos, vai tomar para si a tarefa de produzir o pão "com seu suor".

Data de muitos anos que o trabalho e a criação dos próprios recursos por meio dele, teoricamente, garantem um lugar de respeitabilidade, responsabilidade e maturidade. Desde muito pequenos, aprendemos que é por meio do trabalho que podemos evoluir, seja sendo reconhecidos nas nossas competências, seja adquirindo bens materiais, acumulando patrimônio e subindo na escala social.

Na sociedade contemporânea, entretanto, o trabalho ganhou um status para além de uma atividade para viver. Ao lado dele, vêm a demanda de sucesso e a ideia de que o bom trabalho é somente aquele de que gosto. O engajamento no ato de trabalhar, seja ele qual for, de forma digna e que não viole os direitos humanos, parece ter perdido a importância. Muitos acreditam que, se não trabalharem no que "sonhou", a vida está fadada ao insucesso. Não basta trabalhar, revelando habilidades, talentos e garantindo os recursos na quantidade que seja conveniente para cada um. É preciso mais, muito mais. É preciso, acima de tudo, ser uma pessoa de sucesso!

O conselho do psicólogo e escritor chileno Alejandro Jodorowsky é, "ao prestar um serviço, não reclame nem destaque seu esforço: se decidir ajudar ou trabalhar para outra pessoa, faça-o com prazer, sem esperar agradecimento". Podemos ler essa reflexão e considerá-la como um convite para acomodação ou como uma dessas afirmações simplistas, não? Às vezes, para alguns, o direito à reclamação pode significar uma espécie de resistência, uma amostra falsificada de que você quer sair de algum lugar, mas se mantém na cantilena da reclamação.

A frase de Jodorowsky põe ênfase em outro aspecto do trabalho: o anseio de fazer com excelência, com compromisso e com o sentido de servir ao outro. Veja que na afirmação há uma referência à decisão de fazer. Não está em jogo se será um sucesso, se lhe renderá grandes ganhos e homenagens ou se será o melhor de todos.

Bauman, sociólogo que já citamos, oferece uma visão interessante sobre a Modernidade no que diz respeito ao trabalho. A modernidade do século xx, denominada por ele como "modernidade pesada", se utiliza do modelo fordista de trabalho.

E o que isso quer dizer? Que os operários trabalham de forma rígida e disciplinada, fazendo movimentos repetitivos e rápidos. O tempo empregado para a realização da tarefa, rigidamente controlado, é fundamental. Podemos nos lembrar do filme *Tempos modernos*, de 1936, dirigido e estrelado pelo inglês Charles Chaplin. Há uma cena que é emblemática de como o trabalho devia ser feito e encarado: Carlitos está apertando parafusos quando cai dentro de uma máquina de forma quase natural. Surpreendentemente, sai do outro lado em perfeito estado, incólume, denotando ser parte da máquina, como uma peça qualquer, e por isso não é triturado.

A segunda modernidade apontada por Bauman é chamada por ele de "modernidade líquida". No século XXI, o trabalhador ganha posições de mais autonomia e inovação, pode realizar escolhas, inventar. Dilui-se a noção de proletariado e, em seu lugar, surgem as categorias de trabalhadores. É nesse momento que aparecem com força os autônomos, os profissionais liberais, e o empreendedorismo ganha larga simpatia, passando a ser uma espécie de grito de liberdade das amarras da condição de "empregado". Cria-se uma ideia de que são os empreendedores os reais vencedores. Mas... e aqueles que não querem ser empreendedores ou simplesmente não possuem perfil para tocar o próprio negócio?

Não à toa, todas essas mudanças no conceito e na forma de trabalhar, atreladas à demanda de sucesso, glória e reconhecimento a todo custo, produzem um alto nível de expectativa. Ir em busca do sonho pode ser o início de um pesadelo se os caminhos não estiverem adequados ao perfil da pessoa, às suas circunstâncias e necessidades.

Muitas vezes, o sonho se torna uma obsessão que não permite questionamentos, não avalia o que é possível ou não. Há uma geração de sonhadores que não suporta ser questionada nos seus sonhos nem quanto à possibilidade real de concretização deles. Todo esse processo incrementa uma ansiedade que desgasta, já que sonhar seria correr em busca de um futuro de forma desesperada e enganosa.

Contudo, onde colocamos a vontade, o desejo e a percepção de que temos e podemos nos superar e buscar a excelência, de acordo com Aristóteles, no desabrochar dos recursos legados pela própria natureza que é própria de cada ser humano?

Segundo o filósofo grego, uma vida boa é aquela que você torce para não acabar; aqui o motor do desejo e da ânsia é bem-vindo. Claro, nada disso elimina a possibilidade de que, às vezes, tudo dê errado, apesar de inúmeros esforços. Essa parte, atualmente, ninguém quer contar.

Quando criança, meu sonho era ser professora. Me iniciei no ato de ensinar ajudando uma conhecida que não sabia ler e escrever. Não durou muito, pois eu não tinha método, tampouco organização. Sabia que era importante que ela soubesse ler e escrever, mas eu era muito menina para me dar conta dos caminhos necessários para atingir o objetivo da alfabetização. Na época, lembro que cada professor que entrava na sala despertava em mim o desejo de ser como ele. Sem dúvida, eram as pessoas mais poderosas do mundo.

Aquela ansiedade de ser professora foi ganhando corpo na faculdade e, assim que surgiu uma vaga, me candidatei a ser monitora. Não era nada fácil e, no decorrer desse tempo, fui me dando conta de todo o preparo que eu necessitaria para ser uma boa professora.

Como dizia um amigo, a vaca não *dá* o leite; você tem que se levantar cedinho, preparar todo o processo de ordenha até obter o leite. Portanto, a ansiedade pelo tal sucesso e riqueza requer trabalho. Alguns fazem todos os tipos de cursos para buscar a capacitação para o trabalho, sem ter consciência do que, de fato, está na raiz daquela busca.

São poucas as pessoas que nascem sabendo quem são e quem serão em termos vocacionais; a maioria não sabe e vai tateando e se encontrando naquilo que produz mais satisfação, alegria, e se aprofunda. Por meio da prática e do fazer diário, as pessoas vão se dando conta do talento e da vocação.

Em muitas situações, a variável tempo e o entorno pressionam e demandam saber sua "grande vocação". Será tão necessário assim? Há pessoas que simplesmente gostam do que fazem ou consideram que o que fazem as ajuda muito a estar próximas do que querem e gostam, como, por exemplo, ter um bom padrão de vida para fazer viagens, estar com a família, prover os que amam com bons recursos etc. O que parece não mudar é que, quanto mais se pratica o que se aprende, melhor se faz.

Sem a prática, os saberes e títulos se tornam inócuos. Temos acompanhado uma variedade de técnicas, terapias e aconselhamentos, encabeçados principalmente pelo *coaching*. Não duvido que toda essa oferta de assistência possa colaborar para lidar com queixas pontuais, como crises profissionais. Entretanto, vale lembrar que essas mesmas práticas podem ser geradoras de ansiedade na medida em que incitam a busca por sucesso e prosperidade, que se tornaram ideais mais perseguidos que o sentido mais profundo e interligado com a própria essência.

Cria-se uma crença de que aqueles que possuem um caminho profissional próspero entendem a prosperidade como riqueza, fama, reconhecimento e chance de consumo sem medida. Alguns até idealizam essas pessoas como exemplo de equilíbrio pessoal, quando sabemos que, em muitos casos, sofrem com desequilíbrios em sua saúde mental.

Muitas pessoas, quando buscam um profissional de *coaching* com a intenção de sucesso e prosperidade, se dispõem a que toda a sua vida psíquica, comportamental e social fique mais "sob a tutela de uma métrica que está a serviço de um mundo da produtividade e eficácia do que ao mundo interno do significado", segundo o filósofo Luiz Felipe Pondé.

Nos dias de hoje, se perdeu um pouco a ideia de que o significado do viver transcende o trabalho, os títulos acadêmicos, o nível de desenvolvimento intelectual e o tamanho da riqueza e do sucesso. Tudo isso são coadjuvantes para quem foca a preservação e a clareza de qual é o seu lugar no mundo. Portanto, pautar e orientar a vida nesses sonhos relativos, depositando neles toda esperança, alegria, autoestima e importância, passa a ser um caminho aberto para a frustração da não realização, já que nem sempre as circunstâncias coincidem com os desejos pessoais. Dia após dia, aumentam os transtornos de ansiedade e depressão, agravados mais ainda pela influência das redes sociais que aqui e ali repetem e oferecem inúmeras formas de se obter sucesso, riqueza e fama, às vezes por meio de cansativas sugestões e/ou apresentando os ícones de glamour.

Talvez a boa ansiedade possa estar dirigida para a criação de propósitos diferentes, como um propósito absoluto, que diz respeito ao autoconhecimento. Pensar no tanto de recursos pessoais e espirituais necessários para viver as pequenas e grandes alegrias, no grau de tolerância em relação aos fracassos, erros e insucessos, no que carregam como elementos formadores, independentemente de as coisas irem bem ou não. Tudo isso deriva do quanto cada um reflete sobre si mesmo na intimidade. O propósito maior é um eixo que atravessa toda a existência.

Rita colocou todos os seus sonhos em ser atriz. Só seria uma pessoa realizada, "completa", se fosse uma atriz reconhecida. Só que isso implicava tolerar o imponderável, a sorte. Não bastava ser talentosa e boa. Ela não se dispunha a abrir seus leques de possibilidades. Assim, aos 36 anos, queixava-se por estar em busca de oportunidades para se apresentar e ser reconhecida por seus talentos como atriz. Sentia-se frustrada por ainda precisar da ajuda financeira dos pais.

Marcelo queria ser jogador de futebol. Era seu propósito absoluto, nada era mais importante. Havia determinação, mas pouca abertura para observar outros cenários, inclusive internos, que poderiam alimentar e colaborar com seu propósito maior.

Em vários aspectos da nossa vida - profissional, social, familiar -, existem o que chamamos de propósitos relativos, que incluem nossos mais diversos sonhos. Por exemplo, conquistar certo cargo, tornar o negócio mais promissor, ser um excelente especialista na área em que atua etc. Fazem parte também as pequenas alegrias, as banalidades existenciais que alimentam a alma: estar com pessoas de quem se gosta e se divertir. Todos os sonhos são passageiros, substituíveis. Podem ser, mais ou menos, realizáveis e orbitam em torno do propósito maior, que não é passageiro nem temporário. É nessa inter-relação que a vida ganha sentido.

O maior desafio é encontrar os propósitos e os talentos enquanto vivemos o dia a dia no trabalho, nas relações pessoais e sociais. Para isso, é necessário certo manejo da ansiedade, usando-a a nosso favor. Como? Compreendendo que ela é consequência do bom estresse causado pelo simples fato de estarmos vivos e nos importando em sermos todo o tempo desafiados ao crescimento. Nosso sistema de evitação e fuga, base da ansiedade, está sempre ligado. A diferença é que nem sempre é acionado de forma intensa, mas sempre fará parte do viver em qualquer momento.

Os desafios, apenas como desafios, não rotulam alguém como forte ou fraco, mas revelam como os aspectos de maior ou menor competência transformarão incômodos, desorganizações internas ou externas em oportunidades para a personalidade se destacar na sua capacidade de resiliência - mais à frente discutiremos esse conceito - quando tocados pelas circunstâncias e pelas contingências do viver.

Entre as sugestões para transformar a ansiedade da vida profissional em força está não perder de vista o seu propósito maior. O centro precisa ser mantido e não afetado pelas intempéries que, com certeza, ocorrerão.

Tome decisões quando não estiver tão identificado com o estado psicológico. Por exemplo: se sentir muito medo ou intensa tristeza, aguarde, busque alguém para conversar ou algo que o ajude a pensar.

Lembre-se de que a vida vai sempre testar a sua personalidade, seus projetos, suas ideias e suas certezas, portanto vivemos sendo destruídos e reconstruídos. Ajudará se souber do que são feitos o seu centro e a sua essência.

Não se apegue a você mesmo; se precisar, refaça o caminho. Aceite que algumas escolhas necessitam de ajustes ou podem estar equivocadas. Para ter uma boa vida profissional, ninguém é obrigado a ter sucesso e prosperidade material.

REDES SOCIAIS: GOZO E PARANOIA

Um perdedor é, caracteristicamente, alguém que lhe falaria alguma coisa na rede social que ele ou ela não diria pessoalmente.

Nassim Nicholas Taleb

Vou começar este capítulo trazendo uma lembrança antiga, do início dos anos 2000. Uma paciente havia feito uma bonita viagem com a família e, ao descrever os dias alegres e divertidos, retirou o celular da bolsa e mostrou as fotos. Nem precisaram ser reveladas. Imediatamente os bons momentos estavam sendo divididos. Com o advento do telefone celular dotado de extensa conectividade e recursos de mensagens e fotos, passamos a ter, de maneira bastante competente, uma situação em que o mundo, de fato, diminuiu.

Antes, alguém viajava com a família, fotografava os passeios, mandava revelar as fotos e escolhia as melhores para mostrar para os amigos. Entre a experiência de fotografar e a de mostrar as fotos, havia um intervalo de tempo e espaço. Com a tecnologia atual, isso mudou. No instante em que tiramos a foto, já escolhemos e modificamos o cenário para que a imagem mostre com mais beleza e graça o momento que estamos vivendo em tempo real. Não é preciso mais revelar as fotos ou encontrar os amigos pessoalmente para mostrá-las, pois podem ser enviadas pela internet em poucos cliques.

A própria noção de distância física foi afetada pelo fato de que a tecnologia conecta tudo no exato instante e momento, portanto, o tempo e a distância, sem dúvida, foram encurtados. Tudo isso facilitou o trânsito no mundo? De um lado, sim. De outro lado, o mundo também complicou, pois ficou muito parecido. Em qualquer lugar aonde se chega, tudo parece estar interligado e integrado.

Nunca a tecnologia, por meio das redes, foi tão acessada e utilizada como nos últimos tempos, ainda mais com o isolamento imposto pela pandemia de Covid-19. Quando se poderia imaginar que trabalhar através das diversas ferramentas oferecidas pela tecnologia, como Facebook, Skype, Teams, Zoom, vídeo e áudio de WhatsApp, seria a regra?

Sim, os modos de se comunicar se expandiram, se diversificaram, embora ainda persista a busca por ser ouvido, por ouvir, falar e pertencer a um grupo, a uma rede de contatos. As antigas e conhecidas necessidades de interação, que sempre foram esperadas e comuns à vida presencial, foram e são transpostas para a virtualidade de uma forma ainda mais intensa, em tempo real e de qualquer lugar onde estivermos, basta ter conexão 4G ou wi-fi.

Sem dúvida, aquilo que tínhamos como privacidade passou a ser substituído por facilidade de alcance e, em muitos casos, dependendo da rede social, o dia a dia de muitas pessoas passou a ser compartilhado. Em meio a tantas mudanças, a perda de privacidade é uma das mais importantes. Avisos, sinais, fotos e textos podem revelar onde, como e com quem estamos.

Embora a aquisição de computadores e o acesso à internet e às redes sociais possam parecer algo comum, grande parte da população ainda está excluída do uso da tecnologia em todos os níveis - vida cotidiana, bancos, redes educacionais e sociais.

Tem-se tratado largamente da relação entre saúde mental e redes sociais. Muitas pesquisas estão em curso, e devem apontar associações entre redes sociais e a presença de alguns transtornos. Os distúrbios de sono e de atenção, por exemplo, são associados ao uso intenso e contínuo do celular, principalmente à noite e antes de dormir. Esses estudos de causa e efeito devem continuar, uma vez que, para afirmar que as redes sociais causam transtornos, déficits e dificuldades significativas, será necessário acompanhar uma população por um período maior de pesquisa.

Importante ressaltar que a demanda exagerada por *smartphones* e o uso excessivo das redes sociais ainda não constam como diagnósticos psiquiátricos no DSM-V, apenas a dependência pelos games.

Como qualquer coisa, o uso das tecnologias também pode obedecer a critérios de cuidado que garantam a razoável preservação da saúde física e mental. Importante dizer que não se trata de usar ou não usar as tecnologias e redes sociais. Isso não me parece mais possível, já que fazem parte da nossa vida pessoal, financeira, doméstica, educacional e profissional. Trata-se de orientar crianças, jovens, adultos e idosos a interagirem, para aumentar o conhecimento dessas ferramentas que possibilitam conexões rápidas por várias áreas do conhecimento humano.

Outra questão que me parece importante de ressaltar é que a rede social não *gera* ansiedade, ela *é a própria ansiedade*. O nosso modo de sentir ansiedade é de rede social. Que isso quer dizer? Vamos entender.

A ansiedade, como já descrito anteriormente, é um estado psíquico de não conseguir estar no presente, nas coisas que estão ali na sua frente, naquilo que você tem e no que você é. A ansiedade é uma especulação do que pode acontecer, do que vai acontecer, do que está acontecendo, do que sei que está acontecendo, embora eu não saiba o que fazer com aquilo.

A ansiedade sempre tem a ver com sair do presente e ir para o futuro, passado ou qualquer tempo lateral. A ansiedade tem a ver sempre com medo, vulnerabilidade e perda de controle. É assim que se sente qualquer um de nós sob o jugo dela.

Por que a rede social é ansiedade? Porque estamos num modo de comunicação que possui uma integração que antes não existia. Hoje estamos totalmente conectados a um bilhão de coisas que podem nos afetar de um jeito mais próximo ou mais distante, e tudo isso é o nosso ser, é a nossa vida.

A primeira coisa que muitos fazem logo que acordam é olhar o celular. Em um instante, a pessoa já sabe que nesse ou naquele lugar algo de muito grave ou muito importante ocorreu. Dependendo da história de cada um e das suas prioridades, aquela informação cria ansiedade. Aliás, a ansiedade já iniciou bem antes da notícia. O desejo e a necessidade de olhar o celular já são movidos pela ansiedade e, dependendo do ponto de interesse, criam um nicho de atenção que exige saber mais e mais.

Toda essa situação nos chega por uma imensa conexão virtual, e a ansiedade, em si, é uma espécie de conexão rápida em rede com o presente, o passado e o futuro numa notável variedade de experiências vividas, imagens e indagações que emergem no caldo do medo, da incerteza e da vulnerabilidade. Quantas vezes você já sentiu uma imensa inquietação, tristeza e, pior, já se comparou com a vida daqueles que parecem perfeitos nas redes sociais?

A ansiedade está colada, ligada a uma forma de controle de informação que se conecta inteiramente à rede social. Não há muita escapatória disso, está presente todo o tempo. Donde a rede social é ansiedade.

Os criadores de todo esse sistema buscam exatamente que, com conectividade, integração e facilidades, por meio de gratificações neuronais e químicas, fiquemos uma quantidade cada vez maior de horas conectados. A ansiedade é mantida como força e foco dessa nova economia, desse novo capitalismo digital, dessa hiperatenção. Não há como separar uma coisa da outra.

A desconexão causada pelas redes sociais

Talvez as redes sociais sejam um dos eventos mais marcantes do mundo contemporâneo. Sem dúvida, merecem atenção e são objeto de muitos estudos e pesquisas. Assistimos aos inúmeros impactos que criam na política, na saúde e, principalmente, no comportamento. Redes sociais são uma espécie de gozo e paranoia, como bem coloca o filósofo Luiz Felipe Pondé, servem aos bons e maus senhores, desde a irrealidade e a instantânea chegada do fato em tempo real. Delas não se escapa tão facilmente, principalmente quando se tem uma presença pública.

É inegável que as redes sociais mudaram profundamente a forma de comunicação, os relacionamentos, o consumo de bens em geral e o marketing que se torna, ao mesmo tempo, mais certeiro e mais invasivo. Zygmunt Bauman se refere à vigilância exercida pelas redes na internet, a qual se alastra ocupando espaços sociais, psicológicos e políticos, alterando de forma rápida, e sem pedir licença, comportamentos e expectativas em escala mundial.

Sabemos que as redes sociais vieram para ficar, já fazem parte do cotidiano da vida moderna. Difundem pessoas e conteúdos que, em outros tempos, jamais chegariam ao conhecimento de um bom número de pessoas. Nunca tivemos tanta informação, em tempo real, sobre qualquer coisa e de todas as maneiras – boas, ruins, rasas, profundas, verdadeiras e falsas. A profusão é enorme e variada. Não há como evitar saturação e, com ela, fatores que impulsionam a ansiedade, principalmente, por meio de uma projeção contínua de imagens, criando necessidades e prometendo que a vida pode ser como você desejar, pensar e quiser.

As redes sociais ampliaram a voz de muitas pessoas, o que pode, em muitos casos, representar uma oportunidade importante para empreendedores ou para a divulgação de conteúdos de relevância para o dia a dia.

Marta, uma pessoa que nunca havia saído do Brasil, começou a ter contato com viagens através do perfil de viajantes que descreviam suas aventuras nas redes sociais. Ela se sentia viajando com eles ao acompanhar a rotina de passeios de alguns *influencers* nesse tema e conheceu possibilidades antes indisponíveis no mundo em que vivia. Teve vontade de ir para o Alasca; fez contato com uma brasileira que lá morava e podia recebê-la e foi.

De outro lado, as redes sociais deram lugar à irrelevância, ao despreparo e, não pouco frequente, à falta de gentileza, de educação. Facilitaram o escoamento de todo tipo de agressão e violência. Sim, usar as redes sociais ainda requer de nós mais aprendizado na nova linguagem. São como cidades lotadas de carros e pessoas, mas sem sinalização, regras claras e espaços demarcados. Felizmente, alguns países estão se organizando para construir um conjunto possível de cuidados, uma legislação que possa dar contorno e forma a essa multiplicidade de interações.

Alguns estudiosos e pesquisadores alertam que mesmo o uso responsável das redes sociais possui um fator gerador de ansiedade nada trivial, pois a espécie humana evoluiu com certo limite de acesso às informações, num ambiente de poucas palavras e prevalência do silêncio. Existimos há, no mínimo, 100 mil anos como *Homo sapiens*; contudo, nas últimas três décadas, assistimos a uma experiência absolutamente nova e diferente, para não dizer estranha, para nossos padrões de existência.

Há uma saturação de sinais, ruídos, conteúdos e pessoas mesmo na virtualidade. As relações podem se dar com o distanciamento físico, apenas por contato virtual, mas tudo em tempo real. Sem dúvida, essa nova realidade não significa pouco para ser metabolizada, absorvida e adaptada ao modo convencional da existência humana. A presença da internet e das redes no nosso cotidiano, embora possa parecer familiar, é algo novo e disruptivo, disparando e acirrando a ansiedade.

Os sinais de ansiedade podem ocorrer de inúmeras formas, por exemplo no aumento do uso da imagem, da ostentação, da inveja mais declarada, da comparação mais frequente, em buscas frenéticas sobre informações médicas e psicológicas, como se tudo pudesse ser sabido sem intermediação e de forma absolutamente imediata.

Com a presença dos *sites* e aplicativos de relacionamento recheados de extensos menus para todos os gostos e momentos, os encontros amorosos são carregados de ansiedade decorrente do excesso de exigências por afetos e comportamentos quase que programados. Nunca se teve tanta expectativa por um *match* "perfeito". A cada dia as pessoas vão sendo mais específicas em suas demandas por parceiros e parceiras, embora observemos certa tendência a relacionamentos mais efêmeros com pouca consistência de vínculo. O consumo e a ansiedade caminham lado a lado. Cada vez há maior diversidade de opções e, dentro dessas, as buscas vão sendo refinadas. Donde, por um lado, quanto maior o menu de escolhas, pode-se pensar em mais liberdade para optar pelo que esteja bem próximo e se adéque ao estilo de cada um, mas, por outro lado, serão maiores os disparos de ansiedade.

Recomendações para um bom uso da ansiedade das redes sociais

A ansiedade das redes sociais é inevitável. Não tente fazer de conta que ela não existe, melhor reconhecer e baixar a bola. Se estamos vivos neste mundo, é porque estamos, de certa maneira, ansiosos. Então, vamos tentar tirar o máximo de bom da ansiedade.

Tente organizar, no seu mundo mental, o que realmente o preocupa. Qual é a hierarquia das suas preocupações? Dedique seu tempo nas redes sociais àquilo que realmente é a prioridade, que tem relação com seus valores. O que, de fato, é importante para você?

Especialize a atenção no que faz diferença para o seu rol de interesses. Aceite que não precisa saber sobre tudo e sobre todos. Aceite também que há coisas que são inevitáveis saber.

Evite tratar tudo com o mesmo grau de importância, num mesmo plano, sem qualquer filtro. Se tudo importa, então nada importa, a não ser a ansiedade.

Entenda que a ansiedade tem como natureza o incômodo, a mudança de organização, e que pode ser uma boa companheira, mantendo-nos ligados. Então, seja mais parceiro, inteligente e hierárquico na relação com a ansiedade para não abrir portas para doenças.

A IMPORTÂNCIA DE UMA BOA SAÚDE MENTAL

Não sacia a fome quem lambe pão pintado.
Santo Agostinho

Recebi a proposta para escrever este livro dois meses depois de iniciarmos a quarentena, em maio de 2020. Naquele tempo, se alguém profetizasse o que viria, não acreditaríamos. Como é que todos os avanços da tecnologia e da medicina não conseguiram frear o vírus da Covid-19? Que realidade estava se delineando em nosso cotidiano?

A vida, que acelerava como um carro em alta velocidade, foi bruscamente parada. Adotamos nossa casa como lugar de isolamento, transferimos nosso trabalho para o ambiente doméstico, colocamos a vida dos filhos em suspenso e eles passaram a usar os meios tecnológicos para estudar, encontrar os amigos, comemorar aniversários. Nossa vida mais do que nunca passou a depender de uma tela que, num toque, fazia aparecer tudo que vivíamos na nossa realidade cotidiana, agora, migrado mais ainda para a realidade virtual.

Famílias, casais, pessoas que moravam sozinhas ou distantes dos seus familiares e amigos, todos fomos colocados no que aprendemos a chamar de *lockdown* e quarentena. Não podíamos sair, a não ser para atividades essenciais. As máscaras e o álcool gel passaram a fazer parte de nossa rotina. Sim, estávamos rendidos.

Quando recebi a proposta para escrever este livro, me ocorreu que eu estava no olho do furacão da ansiedade, das minhas ansiedades e da ansiedade das pessoas que me cercavam: familiares, amigos e pacientes. Éramos - e ainda somos - a essência da ansiedade. Se a ansiedade tem como pilares principais o medo e a incerteza, estávamos diante do início de um longo experimento humano de resistência, inventividade e superação.

Inúmeras vezes questionei se não seria um privilégio estar viva e atravessar esse momento, observando e interagindo com uma realidade tão complexa, cada dia mais desafiadora à compreensão. Fui tentando lidar com um dia após o outro, tateando essa nova conjunção de fatos. Eram necessários novos instrumentos para esse novo voo. Muitas rotas tiveram que ser acertadas, corrigidas, mudadas e algumas encerradas.

Estávamos diante do mundo tomado, de uma hora para outra, por um profundo silêncio e imenso medo de não ser o próximo atingido por esse ser invisível aos nossos olhos, mas presente e atuante no ar que respiramos. As cenas de pânico nos hospitais, diante da presença de inúmeros pacientes sem ar, com os pulmões tomados pelos efeitos devastadores do vírus, muitos em estado grave, chegando a óbito, nos aterrorizavam. Nenhum lugar no mundo ficou de fora dessa nova praga. Sim, foi um desespero.

Cada um de nós viveu esse momento de uma forma peculiar e pessoal. Mas talvez possamos afirmar que todos, quase numa experiência universal, experimentamos a ansiedade, a angústia de não saber se o vírus poderia chegar em casa por meio de uma simples compra de supermercado ou pelas nossas próprias mãos. Sem dúvida, um modo persecutório, ameaçador, como nos filmes de ficção científica, se apropriou da nossa forma de estar e pensar o mundo.

Contudo, a mesma ansiedade, que nos trazia medo, terror, incerteza, era a matéria-prima para a superação de estados de tantas dúvidas. Sem a presença do medo e da ansiedade, não poderíamos correr do leão que velozmente nos perseguia e daqueles presentes no nosso entorno. Sem a ansiedade, não poderíamos nos cuidar, nos informar e, portanto, construir, cada um ao seu modo, recursos de defesa e de combate.

Tempos de ansiedade, já estávamos vivendo! Uma característica da Modernidade, como discutido em outros capítulos. Porém, os tempos de pandemia trouxeram a ansiedade para a nossa convivência íntima, pessoal e grupal, de maneira intensa, ostensiva e contínua. Esse sentimento particular e tão desconfortável, na maior parte do tempo, passou a ocupar a dianteira em conversas diárias, palestras, escritos, programas, sessões de terapia etc. Quem nunca tinha parado para pensar na ansiedade ou se dava conta da sua existência apenas em momentos muito específicos passou a ter com ela uma convivência próxima e cotidiana.

Novamente, não nos antecipemos a julgar a ansiedade e tomá-la somente como desconforto. Entendamos a ansiedade como um fenômeno humano, esperado e previsível – uma contradição. Sempre que o indivíduo está diante de uma situação incerta, plena de ambivalências e desconhecimento, ela desponta, quiçá para nos aprimorar.

Nesses tempos modernos velozes e inesperados, fomos obrigados a dar passos para trás, brecar projetos e conviver com a ideia de total renúncia a qualquer certeza.

Ilustrarei o que é ansiedade, nesses tempos, com uma situação que me é bastante comum e frequente. Quando pego o carro para ir ao litoral, consulto a previsão do tempo. Mesmo assim, no momento em que acesso a Rodovia dos Imigrantes, olho para o céu. Se observo algumas nuvens, me pergunto: será que teremos sol no fim de semana? Vai dar praia ou não? Aqui, iniciam a incerteza, a dúvida e a preocupação, baseadas na minha observação.

Ao observar certo azul no céu, a alegria e o conforto tomam conta e antevejo dias lindos. De repente, no meio da serra, vejo que algumas nuvens turvam o sol, e aquela tranquilidade e alegria se dissipam. Dependendo de como lido com as possibilidades, posso pensar que talvez chova e teremos que ficar em casa durante todo o fim de semana, sem lindos dias de sol, só jogando baralho e assistindo TV. Nesse momento, receio, preocupação, quiçá medo, passam a fazer parte do momento.

Ao iniciar a descida da serra, o tempo melhora. Alguns raios de sol já dão o ar da graça. Retorna a experiência da alegria, e o cenário de dias de sol fica mais próximo. Mais adiante, uma chuvinha tímida começa a cair. Ah, de novo a incerteza e o medo de a coisa piorar. Nesses momentos, a gente se apequena, se vê meio sem saída. E assim vou até chegar à praia: numa hora, esperança; noutra, temor, receio.

Como disse o jornalista e filósofo Clóvis de Barros Filho, em uma das suas palestras no YouTube sobre a pandemia, na ansiedade a alma flutua e essa flutuação tem como causa a incerteza de que somente será solucionada ao fim dos dias. Assim, somente quando o fim de semana se encerra, o mundo terá dado as cartas e teremos certeza do que ocorreu.

A ansiedade é a inclinação para a resolução de um problema nem sempre tão fincada na realidade factual, como no exemplo da ida para a praia. Na ansiedade, buscamos de maneira afoita, desesperada a certeza, a eliminação de qualquer dúvida. Oscilamos entre a esperança e o temor. Queremos saber logo, imediatamente, se vai dar praia ou não.

A incerteza insuportável adicionada pela realidade do não controle é um aspecto envolvido na ansiedade. Em tempos de pandemia, vivemos tenebrosas incertezas.

No início de 2020, quando a pandemia foi declarada, não se sabia como tratar o vírus, se as vacinas chegariam, se as máscaras e o álcool em gel dariam conta da proteção, se voltaríamos a trabalhar presencialmente, se nos divertiríamos em grupo, se nos encontraríamos como antes. Os especialistas corriam contra o tempo para desvendar as mais diferentes expressões do vírus no ser humano. Nós, população leiga, ficamos perdidos na imensidão da ignorância. Olhávamos para o céu e avistávamos poucos e tímidos raios de sol que logo eram encobertos pelas nuvens, novamente e novamente. A falta de certeza nos fez caminhar por lugares de informações e mensagens contraditórias, confusas, que se alternavam entre confirmação e negação.

A ansiedade nada tem a ver com alegria ou tristeza. Sua causa não é, na maior parte das vezes, o mundo material. Embora possa conter o medo como protagonista inicial, trazendo alguma situação factual, a ansiedade se alimenta do mundo imaginário, do mundo fantasiado, sonhado, pensado e conjecturado. Fomos aprendendo a duras penas a conviver com os altos e baixos entre expectativa e realidade, aceitando as propostas que a vida oferecia naquele momento.

O aprendizado que a ansiedade trouxe na pandemia

Talvez o maior aprendizado que a ansiedade nos trouxe, nesse período de pandemia, tenha sido nos darmos conta da importância da vida mental. Sim, nunca se estudou tanto a saúde mental. O desconforto da ansiedade e a tristeza, que fizeram fronteira com a depressão, acenderam as luzes de emergência, contribuindo para muitos perceberem que somos feitos também de vida psíquica, além da física.

A dor da restrição, da perda, da impotência, acionou angústia, incertezas, e a garganta ficou estreita para o ar passar. Sim, o vírus que toma os pulmões nos asfixia tal qual o momento de angústia. O tempo presente ficou esvaziado pelas excessivas expectativas que se quebravam e se renovavam a todo instante. Cada vez mais a esperança de um futuro "como antes" perdia contornos no dia a dia.

Contudo, a insuportável ansiedade abriu portas para buscas maiores por sentidos antes esquecidos e pouco cuidados. Amigos, família, parceria, espiritualidade, religiosidade e a presença do outro passaram a tomar a dianteira das prioridades, pelo menos como reflexão. Tudo havia antes, mas nem sempre conseguíamos prestar atenção. Não costumamos nos dar conta do que realmente importa até sermos, de alguma forma, impedidos de alcançar, de nos aproximarmos e de usufruir do que está proibido, restrito e encerrado em regras e determinações.

Quantos de nós, apressados nas nossas atividades diárias, não sonhávamos com um momento sabático na vida para poder fazer com o tempo o que bem entendêssemos? Por exemplo, estar com os filhos, com parceiros e parceiras, na própria casa, cozinhando, organizando, lendo, assistindo a filmes. Pois o mundo parou e nos colocou confinados, em quarentena ou *lockdown*. Não, não foi do jeito que imaginávamos nem sem dor, sem apreensão, sem medo e sem inúmeros prejuízos, inclusive econômicos, além dos de ordem psicológica.

No confinamento, numa imersão forçada de convivência 24 horas por dia, sozinhos ou com aqueles que moravam conosco, fomos empurrados a nos olhar e a olhar para quem estava ao nosso lado. E muita coisa apareceu, muitas surpresas vieram de amigos, familiares, cônjuges, filhos, pais, funcionários, chefes. De repente, descobrimos que somos bem melhores e mais poderosos quando temos uma vida sem restrições, quando não somos exigidos a pensar para além de nós. Nossa tolerância e equilíbrio foram diariamente, continuamente, testados. Muitos se deram conta do volume da ansiedade, da tristeza e dos desequilíbrios antes não vistos e conhecidos.

Alguns descobriram a própria casa, e o ambiente doméstico passou a ter mais valor. Para muitos, não era mais só um lugar mais seguro para ficar. Muito embora onde estivéssemos os cuidados fossem intensos, nossas paranoias nunca atingiram níveis tão altos! Qualquer pessoa ou objeto era potencial transmissor. Tudo estava submetido a litros de álcool em gel e muita distância. Onde e com quem quer que estivéssemos, estava também a ameaça do vírus, um bicho cego que não escolhe seu hospedeiro. O mundo, de repente, ficou perigoso demais.

Dificilmente, a ansiedade não surgiria com força e determinação. Mudanças repentinas e incertas quanto ao seu tempo de duração fizeram parte do nosso cenário cotidiano. Fomos todos testados na nossa capacidade de aceitar e fazer mudanças. Fomos colocados quase contra a parede, naquilo que chamamos de resiliência. Sim, muitos descobriram pela primeira vez uma situação de impotência. Curiosamente, como afirmei acima, cultivamos uma espécie de ilusão de que somos "poderosos" quando nada nos restringe. Que engano! Sempre temos que nos haver com restrições. A pandemia escancarou nossas mais humanas impotências.

O benefício da ansiedade, embora desagradável e temida, nesse momento, foi acelerar mudanças que já se avizinhavam. Pensar o conceito de trabalho, a forma de convivência, a necessidade de olhar mais de perto e com atenção para a vida que temos e construímos passou a ser mandatório. As questões mais ordinárias e triviais do viver humano, desde retornar à casa - sem viagens, saídas e distrações fora do ambiente doméstico - até o modo de se vestir, comer, descansar, se relacionar, trabalhar, passaram pela imposição de revisão e modificação.

Vitória, uma paciente, me disse: "Quando eu estava cansada e irritada com o dia a dia, pegava as chaves do carro e corria para encontrar uma amiga, bater perna no shopping ou viajar para qualquer lugar. Agora é que me dei conta do tamanho das minhas fugas para não ter que encarar as coisas que ocorriam comigo".

Renato, outro paciente, de maneira preocupada, repetia: "Sempre viajei muito a trabalho, quase não parava em casa. Tenho a impressão de que não conhecia minha esposa e meus filhos. Não está fácil tanta convivência".

Pedro falou do seu medo de perder o emprego por não conseguir fazer *home office* e cuidar da casa, dos filhos e conviver com uma espécie de angústia sobre o que aconteceria com ele e os seus se fossem contaminados.

Muitos casamentos, relações de toda ordem de convivência, foram revistos, refeitos ou desfeitos nessa longa pandemia. Não havia quem não estivesse tomado por fortes inquietações, estranheza ou absoluta resignação às novas ordens do viver. A ansiedade passou a ser vista de forma humanizada, comum e um pouco menos associada aos fatores químicos e biológicos. Quem não foi tocado por essa dama que não pede licença nem avisa quando vai chegar? A ansiedade passou a trazer para a roda de qualquer conversa a questão da saúde mental, associada também às questões socioculturais, comportamentais e coletivas. Não tenho dúvida de que estamos avançando na aceitação da existência de uma vida psicológica - tal qual aceitamos a Lei da Gravidade - que permeia a existência, os relacionamentos, as escolhas.

Sem vida emocional, não seria possível a existência humana e seu processo civilizatório.

Será que crescemos? É possível crescer nos episódios de ansiedade? Depende da estrutura emocional que cada um de nós desenvolveu e usou para aperfeiçoar todos os dias. A capacidade para aceitar mudanças, suportar o peso da realidade e conseguir ultrapassar os obstáculos, ressignificando para criar novos sentidos, faz diferença na força para fazer do limão uma boa limonada. A isso, genericamente, chamamos de resiliência.

A pandemia foi uma espécie de contrassenso ao fato de que talvez a humanidade nunca tenha tido tantos meios e tantas ferramentas para promover bem-estar e saúde a fatias cada vez maiores da população. Nosso narcisismo foi mortalmente ferido diante de tantos e importantes desenvolvimentos, em quase todas as áreas, e ficamos rendidos. Cientistas, médicos e profissionais da saúde, impactados com a violência com a qual um simples vírus desorganiza, adia, posterga, separa, junta e controla o mundo, se tornam impotentes e, como cegos em tiroteio, tateiam, especulam e experimentam diversas formas de combate. O narcisismo foi mortalmente atingido, nosso amor-próprio arrebentado nos primeiros momentos. O mundo saiu do controle.

Evidente que essa não foi a primeira pandemia da história. A humanidade foi se construindo a partir de pandemias, guerras, fome e perseguição. Nossa evolução no mundo não se deu de uma forma tão tranquila quanto as facilidades de vida atuais podem prometer. Se pararmos para pensar no que vivemos nessa pandemia, nos aproximaríamos do que significa sofrimento individual e coletivo.

Muitos de nós temos boas condições de vida e, mesmo na pandemia, não nos faltaram comida, moradia e trabalho. Outros grupos (não são poucos!) estão numa outra espécie de pandemia, fugindo de guerras intermináveis, fome, miséria, prisões provocadas por motivos religiosos e/ou políticos e toda sorte de calamidade. Como estará a saúde mental dessas pessoas para as quais nenhuma vacina poderá imunizar da subjugação à total falta do básico e legítimo da vida? Uma impotência total.

Pois bem, a pandemia trouxe, por meio do aumento substancial dos quadros de ansiedade e depressão, a discussão da importância da saúde mental. Temos presenciado um número cada vez maior de pessoas interessadas em conhecer estratégias para melhorar sua qualidade de vida e praticar o autoconhecimento. Sabemos que houve um estouro da violência intrafamiliar contra mulheres e crianças nesse período de pandemia. Estar em casa com toda a família, com todos os membros confinados e imersos em convivências às vezes disfuncionais, nem sempre trouxe segurança. Muitas crianças impedidas de ir à escola passaram a ser espectadoras e/ou vítimas de pais angustiados, perdidos e tomados pela violência.

Com a pandemia e todos os sofrimentos imensuráveis dela decorrentes, vieram mortes, empobrecimento, perda de emprego. Houve uma excessiva revelação daquilo que já não funcionava e, ao mesmo tempo, reconhecimento de capacidades para lidar com as adversidades, até então desconhecidas. Não sou partidária de que só pelo sofrimento há transformação e crescimento do ser humano. Contudo, é indiscutível que o sofrimento de certo modo e em certo nível pode estimular a resiliência e uma importante capacidade de enfrentamento e transformação. Quantas pessoas, profissões e relações tiveram que se reconstruir, mudar sua maneira de ser e fazer?

A ansiedade faz parte do viver e do fazer de qualquer ser humano. Entretanto, sua intensidade e o grau de sofrimento que acarreta dependem de fatores como predisposição genética - que pode ou não se manifestar de certa maneira -, experiências de vida, o ambiente onde se vive, o contexto familiar, as características individuais e, claro, a sociedade que nos cerca.

Aqui, estamos tratando da ansiedade que pode dar lugar à transformação e se apresenta como mote para a busca de autoconhecimento, portanto, é fundamental ressaltar o contexto, as demandas provenientes de cada situação e a importância de convocar a capacidade de pensar para tentar compreender como a ansiedade pode sair de um lugar patológico e criminalizado.

ENVELHECER EM TEMPOS DE ANSIEDADE

O prestígio da velhice diminuiu muito pelo descrédito da noção de experiência. A sociedade tecnocrática de hoje não crê que, com o passar dos anos, o saber se acumula, mas, sim, que acaba perecendo. A idade acarreta uma desqualificação. São os valores associados à juventude que são apreciados.

Simone de Beauvoir, *A velhice*

Antes de entrar no assunto da ansiedade no processo do envelhecimento, vale lembrar que as estatísticas apontam para o envelhecimento da população mundial. Dados de 2021 do IBGE informam que o aumento da longevidade no Brasil pode ser creditado a dois fatores complementares: diminuição da taxa de natalidade e aumento da expectativa de vida graças ao avanço da ciência e à melhoria das condições de vida.

Dito isto, o tema deste capítulo é a questão da longevidade e da ansiedade que, para muitos, vem atrelada ao processo de envelhecer. Ressalto que não entrarei de forma aprofundada, mas apenas de maneira rápida e panorâmica nas questões relacionadas às diferenças entre os processos de envelhecimento em mulheres e homens. É importante frisar que são processos que carregam peculiaridades e modos distintos de lidar, embora ambos experienciem sentimentos de perda, luto e aproximação da morte.

Sim, um dos fatores que mais produz ansiedade em todo o processo de perda da juventude, ao menos física, é a constatação cada vez mais clara da passagem do tempo e, portanto, da proximidade da morte. Como somos, na cultura ocidental e no ritmo da modernidade, treinados para não pensar nem falar sobre a morte (portanto, tendo dificuldade de aceitá-la como parte inerente à vida), deixamos para o envelhecimento a preocupação com alguns lutos - corpo, disposição, memória etc. -, como se não fossem esperados a qualquer tempo. De repente, nos damos conta de que "estou velho, posso morrer a qualquer hora!".

Em minha observação pessoal e clínica, vejo ansiedades diferentes nos processos de envelhecimento de homens e de mulheres. Quase sempre as ansiedades que prevalecem nas mulheres dizem respeito à perda (pelo menos, o que é sentido como perda) da beleza física, da atratividade e dos atributos de sedução. Muitas mulheres se queixam de invisibilidade, de não serem olhadas e valorizadas a partir da sua realidade etária. Nos homens, quase sempre a ansiedade diz respeito à perda de potência, virilidade e poder.

Vincent Caradec, renomado sociólogo francês referência quando o assunto é envelhecimento, em seu artigo "Da terceira idade à idade avançada: a conquista da velhice", publicado em 2016, traz uma importante discussão sobre as representações contemporâneas da velhice e do envelhecimento. Ressalta que as definições dadas por inúmeras fontes evidenciam o imaginário de cada pessoa, grupo e cultura ao que pode ser considerado o último estágio da vida.

A partir de uma breve análise do filme *Nossas noites*, trarei um pouco do que pode estar presente no nosso imaginário quando entramos na rota do envelhecer de forma mais evidente, já que esse é um processo que está de acordo com a vida desde que despontamos no mundo.

Nossas noites é uma história de resistência à morte e da descoberta de que ainda é possível encontrar amizade e amor. Os idosos sabem disso como nunca. Hoje, aliás, 80% dos adultos entre 50 e 90 anos são amorosa e sexualmente ativos.

No filme, uma viúva solitária tenta se conectar com seu vizinho de décadas, após ele perder a esposa. Os dois moraram lado a lado por anos, mas quase não se conhecem. Agora, na velhice, começam a estabelecer uma conexão e a descobrir uma química perfeita. Jane Fonda tinha 79 anos e Robert Redford tinha 81 anos quando protagonizaram lindamente o casal Addie e Louis.

A história de Addie e Louis só acontece quando eles chegam aos 80. Com toda a experiência de uma vida e um temperamento mais extrovertido, Addie sabe que o tempo voa. Vai direto ao ponto: convida Louis para dormir na casa dela, explicando que a noite é para ela a pior parte do dia. Quer conversar, trocar ideias, travesseiro com travesseiro.

Envelhecimento e narcisismo

Tomo o termo "narcisismo" emprestado da psicanálise, uma das mais importantes escolas dentro da psicologia, fundada por Sigmund Freud – que não estudou com profundidade a velhice. Isso se deveu ao fato de que "velhice" à época de Freud não era algo comum. Contrariamente aos dias de hoje, as pessoas morriam muito jovens. Alguém de 50 anos de idade já era considerado "idoso".

Para Freud e outros autores da época, a velhice seria uma fase da vida tal qual todas as outras que ocorrem ao longo da maturidade. O sujeito estaria de modo incessante se atualizando frente às novas vivências e às alterações do corpo. De específico haveria apenas a decadência física e a consciência de que o fim se aproxima. Não há em sua obra uma teoria explícita do envelhecimento e os termos "velhice" e "envelhecimento" pouco ocorrem em seus textos.

A perspectiva freudiana da velhice era marcadamente negativa, estando associada à decrepitude progressiva, bem própria da época. De forma mais clara, o envelhecimento seria um período de resistência e de posterior capitulação aos limites que se impõem aos diferentes desejos.

O envelhecimento provocaria uma espécie de arrefecer das intensidades, uma perda de vitalidade para realizações. Estamos falando de concepções que faziam parte do modo de pensar no final do século XIX e início do século XX. Felizmente, tudo vem mudando de forma acelerada, e o processo de envelhecer tem passado por outros olhares e novas concepções. Tudo isso graças a uma mudança significativa na perspectiva de vida e, mais importante, na qualidade do dia a dia.

Para a psicanálise, a questão do envelhecimento estaria no narcisismo. O processo de decadência física - com a perda da beleza, do vigor e muitas vezes da saúde - e a proximidade da morte provocariam um retraimento na relação do sujeito com o mundo externo. Por isso a importância de ter desafios, projetos, sentido de vida estruturados como forma de resistir à ferida narcísica provocada pelas perdas que são impostas pela idade. Outros atributos e outros desenvolvimentos devem tomar lugar, mais relacionados a uma vida interior, habitada por afetos e relações consistentes, sejam com a família, sejam com um grupo social e/ou profissional.

O filme citado anteriormente, *Nossas noites*, traz um retrato do envelhecimento diverso daquele que inúmeras vezes enfatiza a decrepitude, a falta de vigor, a doença e a falta de perspectiva tantas vezes vivida pelas pessoas que iniciam o processo de se tornar velho. Ambos os personagens não estão vivendo nenhum tipo de doença ou alguma demência senil.

A história de Addie e Louis mostra que o amor na velhice não está confinado ao porão úmido e escuro das memórias fugidias de um passado distante. Nem tampouco o desejo deixa de ser reconhecido ou relegado a um fim quase sempre doloroso e demorado de um dos parceiros.

O filme oferece uma perspectiva que vai na contracorrente da contemporaneidade, em que o narcisismo, na sua forma mais centrada, é alçado a um valor exacerbado, somado a certa busca pelo hedonismo, marcado por prazeres rápidos, instantâneos e uma cultura construída por meio da imagem do jovem e do belo. O processo do envelhecimento é combatido por todas as tecnologias disponíveis, que prometem retardar e manter o mito da "juventude eterna".

Nesse momento da vida, há importantes mudanças na subjetividade, no tempo da satisfação, na imagem e na presença do desejo. Os modos de estar no mundo, a sociabilidade e os investimentos de afetos trazem configurações novas e/ou exacerbam aquelas já firmadas por toda a vida.

Assim o casal Addie e Louis resiste e transforma a vida no encontro e reencontro do desejo. O tempo vivido por ambos é o tempo do presente, permeado pelo passado narrado à noite por um e outro quando se põem lado a lado. Não há pressa, não há expectativa. A beleza do encontro está no contar e recontar de lembranças dolorosas e felizes da vida que viveram até ali. Aos olhos do outro, o que parecem buscar é a disponibilidade de simplesmente estarem juntos. Addie e Louis, ao narrarem um para o outro seu passado, recuperam partes doloridas e sombrias da vida, revisitam tristezas e mágoas, compreendendo de forma mais aceitável suas escolhas.

O filme mostra outras dimensões diferentes daquelas conhecidas representações sociais da velhice fortemente associadas a doenças, limitações, dependência, improdutividade, nostalgia e depressão. Traz uma perspectiva menos estereotipada e preconceituosa.

O tempo no espelho

Sempre que se pensa no envelhecimento, são imaginadas pessoas com idade avançada. É um processo inexorável, irreversível e contínuo de mudanças físicas, psíquicas e sociais, que se inscreve na temporalidade desde o nascimento. Envelhecemos dia após dia. Basta estar vivo; por isso concerne a todos os sujeitos.

Deixamos para trás em nossas considerações a velhice, não damos a ela nosso destaque tanto quanto não atentamos à morte. De um jeito ou de outro, seguimos na busca do mito da beleza, do poder, da virilidade, da exaltação da juventude permanentes.

Sigmund Freud, numa carta, datada de 1935, escreveu: "A que grau de bondade e de humor não se tem que chegar para suportar o horror da velhice". O medo e o horror à velhice encontram sua compensação no incremento da vitalidade por meio da bondade e do humor. Envelhecer é ser remetido à própria história e às memórias de um tempo vivido, que nem sempre foi experimentado por caminhos satisfatórios e interessantes.

O envelhecimento traz junto surpreendentes confrontações. Não à toa, ansiedades de toda ordem percorrem a linha da vida, do passado ao futuro. O grande desafio no processo de envelhecer é conhecer a si mesmo, constatando limites e abrindo possibilidades para não se perder a perspectiva de que o processo de mudança pessoal permanece ativo e constante.

O bom envelhecer não elimina as ansiedades próprias do ciclo, as agonias do tempo, as mudanças de ritmos e da aparência. Tudo dá lugar ao retrato real e claro de uma estética marcada não mais pelo viço físico, mas pelo vinco da vida vivida e por viver. O envelhecer pode contar com certa ansiedade que colabora com a resistência à morte em vida.

O envelhecimento não confronta apenas a imagem frente ao espelho, confronta as experiências, os desejos e os fazeres de uma vida. A questão narcísica toma uma dimensão significativa. O susto, ao se olhar no espelho, equivale ao susto de passar em revista uma vida inteira, com suas memórias e escolhas.

Recorrendo mais uma vez ao filme *Nossas noites*, ali o encontro amoroso promove que um se reflita no outro. Nasce entre eles o encantamento e um amor que não têm na dimensão erótica seu ponto forte, mas esta ressurge da delicadeza e da tranquilidade para reviver o desejo erótico.

O casal de protagonistas busca a vida em tudo e por onde esteja. Ambos não se aniquilam, não desistem devido à idade, e sim revivem a capacidade de amar a si e ao outro. Enfrentam a estranheza, a dúvida, o medo e a ansiedade carregados de fantasias do quanto cada um será aceito pelo outro. Ecoam perguntas que ouvimos todos os dias: "Será que sou velho demais para reiniciar? Para amar? Para desejar? Ainda há tempo?".

Quando não sucumbimos a ideias e crenças estabelecidas de que o valor está na juventude e de que o avanço da idade encerra a vida, a capacidade de elaborar as feridas narcísicas traz, como decorrência, o sentimento positivo de autoestima e o olhar em perspectiva. No filme, os dois personagens possuem a capacidade de confiar em si, de se sentir capazes para enfrentar uma nova relação, a partir da história vivida por cada um.

Pessoas mais velhas não gostam de se ver retratadas como figuras frágeis, de quem as pessoas se aproximam como se fossem crianças muito pequenas. É uma abordagem que desconsidera a pessoa mais velha como ser desejante, que a resume a um ser incapaz e impossibilitado de viver uma vida interessante.

Aliás, o ponto forte de *Nossas noites* não é o romance. O ponto de maior exclamação é a solidão e o quanto tudo muda quando se encontra alguém para conversar. Addie é dona da ousadia. Convida seu vizinho para dormir na casa dela, conforme relatei. Louis, mais tímido, parecia mais escandalizado do que ela. E é delicioso o momento em que atravessa a rua com um saco de papel, onde esconde seu pijama, e entra pela porta dos fundos da casa dela.

O filme, de forma delicada, nos carrega por caminhos que fazem refletir sobre a peculiaridade do envelhecimento. A velhice é subjetiva, a idade é apenas um número para alguns. Os idosos não são pessoas doentes ou emocionalmente deprimidas, podem estar muito satisfeitos com as mudanças físicas e emocionais.

A velhice é um processo contínuo de reconstrução, o qual se faz na sabedoria, beleza, sonhos, desejos e curiosidades. Enquanto houver tempo, há o amanhã e isso é o que confere algum sentido à velhice. O vigor de ter sido continua atuando no presente. É preciso valorizar os instantes do hoje como se fossem os derradeiros. O futuro só existe na expectativa e na esperança. Segundo a psicanalista francesa Françoise Dolto, morre-se quando se termina de viver. Sempre há tempo.

Não podemos resistir à força devastadora do passar do tempo; no entanto, podemos nos preparar e construir nossa velhice, desde os outros estágios da vida - infância, juventude e idade madura -, cada um deles com suas características específicas e peculiaridades. Isso é parte da nossa existência.

Envelhecer é um processo inscrito em todos os seres humanos. Dele não se pode fugir. Amparo Caridade, psicóloga e antropóloga, traz uma visão profunda sobre o que chama de envelhe(SER):

> Postulo que a obsessão pela aparência física, pela suposta eterna juventude seja uma das barreiras com as quais convivem alguns idosos, porque imaginam que o corpo envelhecido não é mais capaz de amar, de gozar, de ter prazer. Talvez muitas pessoas idosas não tenham aprendido que a sexualidade é também uma arte. Que ela se embeleza com o mistério, com a ternura e certa estética do viver. Conquistar isso é chegar ao ponto alto do viver a dois na velhice.

Cada estágio da vida tem seus encantos e desencantos. Envelhecer pode ser um tempo de encanto, serenidade, confiança e maior elegância diante da realidade dos fatos. Um tempo, segundo Caridade, sem urgências das relações, quando se pode viver mais bem apoiado na própria construção interna que já foi feita.

Ainda, a velhice pode ser um momento crucial de grandes realizações, etapa de vida em que eclodem mudanças, conflitos, ambivalência de afetos e emoções. O grande desafio consistirá em que medida cada pessoa, no processo do envelhecer, poderá encontrar algo novo dentro de si e, quem sabe?, descobrir potencialidades e as faces positivas da velhice.

O desejo e a libido estão sempre presentes, qualquer que seja a idade. São eles que nos movem e permanecem em cada um com suas vicissitudes até o momento da ruptura: a morte.

Perguntas a serem feitas à ansiedade pelo envelhecer

- Quem é você no tempo que transcorre?
- Como gostaria de viver no presente e nos próximos anos?
- Que há por detrás da angústia com a passagem do tempo?
- Olhe-se no espelho, de preferência sem roupa, e repare em cada parte do seu corpo. Do que tem medo? Do que gosta? O que o assusta?
- Como quer ser lembrado?
- Faça um exercício e escreva uma breve autobiografia, contando o que fez ou deixou de fazer, o que aprendeu, do que se arrependeu e do que se orgulha. Escreva sobre como gostaria que fosse sua morte, seu velório, quem gostaria que estivesse lá.

A DITADURA DA FELICIDADE

O conceito de felicidade, de tão difundido, se esvaziou como signo. Virou coisa de propaganda de margarina. A felicidade sempre pressupõe uma essência, um ideal antes de uma prática (...) sempre pressupõe algo que é projetado em vez de algo vivido.
Leandro Karnal, *Felicidade ou morte*

Quando, onde e como passamos a dar à felicidade esse status de competência e força? Você já se viu às voltas com a tal necessidade de ser feliz? Já experimentou a imposição da felicidade?

Vale saber que a ideia de felicidade sempre foi motivo de imensas discussões na história do pensamento humano e, portanto, o modo como foi pensada e conceituada se transformou ao longo do tempo e dos diferentes contextos.

Atualmente, como em outras épocas, observamos que há uma espécie de disputa por vários agentes sociais - filósofos, médicos, psicólogos, psiquiatras e o próprio Estado - para apurar os melhores caminhos e alternativas na busca da felicidade. Sem dúvida, ao lado da ansiedade, é um dos temas de maior discussão, produção de textos, cursos, livros, vídeos etc. Ressalto que nem sempre, na história da humanidade, a felicidade foi colocada como meta a ser atingida assim como vemos hoje.

Curioso observar que a felicidade adquiriu relevância na existência do ser humano com o advento da ideia de qualidade de vida, quando a OMS criou um índice de medição da felicidade. O conceito de felicidade sai do âmbito privado e individual e passa a ser um assunto de saúde pública, objeto de políticas públicas. Em 2012, numa reunião intitulada "Felicidade e bem-estar: definindo um novo paradigma econômico", a OMS adotou um importante indicador de desenvolvimento, a felicidade interna bruta.

Várias áreas foram envolvidas - economia, psicologia, análise de pesquisa, estatísticas nacionais, entre outras - para descrever como as medições de bem-estar podiam ser usadas para avaliar o progresso das nações. Os relatórios que definiram os critérios de bem-estar se aprofundaram nas questões relacionadas à felicidade, incluindo as doenças mentais, a importância da ética, da política etc. Assim, criou-se uma condição para analisar e mensurar o bem-estar subjetivo e o Índice de Desenvolvimento Humano (IDH).

Em todos os âmbitos, são inegáveis os avanços da ciência na busca de modos de viver e de conviver, os quais podem dotar a vida na Terra de mais bem-estar. Conhecemos melhor, graças à facilidade de acesso, através da internet, conteúdos para o dia a dia nas diversas áreas - medicina, psicologia, nutrição, educação etc. Sem dúvida, há uma profusão de informações sobre o que é e como se chegar à felicidade. Entretanto, nada nos garante que seguir os passos ditados por outra pessoa ou uma instituição nos levarão a uma vida melhor e mais feliz, visto que o conceito de felicidade e o jeito como cada um a vivencia é peculiar e está associado à própria história de vida.

O tema da felicidade saiu das mãos dos poetas e filósofos, passou a ser compartilhado com outras áreas da ciência - psicologia, psiquiatria, economia, neurociência, sociologia etc. Responder a uma pergunta - "Qual é a natureza da felicidade humana?" - passou a ser quase obrigatório quando se fala de qualquer aspecto do viver humano, inclusive quando se investigam a ansiedade, a depressão e a tendência ao suicídio, entre tantos outros transtornos mentais.

Os estudos das emoções explodiram nas últimas duas décadas com força, profundidade e aplicação cada vez maior ao cotidiano simples, ordinário, e ao da convivência social e profissional. Psicólogos querem entender o que as pessoas sentem, os economistas querem saber o que as pessoas valorizam e os neurocientistas querem saber como o cérebro responde às gratificações e às privações. Dessa forma, assim como a ansiedade, a felicidade passou a fazer parte do mapa científico. Há diferenças nas formas e nos caminhos pelos quais cada pessoa busca a felicidade, mas algo há em comum, desde que o homem surgiu na Terra: todos buscam esse estado de plenitude, segurança e intenso bem-estar, a felicidade.

Felicidade é ausência de emoções negativas?

— Como você se sente?

— Estou ansioso, parece que falta algo e nada faz muito sentido. Acho que nunca vou conseguir ser feliz, colocar um sorriso na cara e agradecer à vida. Quando isso ocorre, é tão rápido, passa feito um foguete!

— Que é ser feliz?

— É ter algum tempo de trégua. É a vida me deixar descansar. Descansar dos meus pensamentos, do meu temor, do futuro tão incerto. Busco todos os dias a felicidade... Parece inalcançável.

Rodolfo, 35 anos

Infelizmente, parte do problema talvez seja o fato de que, assim como a ansiedade, a felicidade passou a ser tão repetida e, portanto, banalizada na cultura popular e na mídia, que se criou um importante equívoco sobre a felicidade ao se achar que ser feliz é ser animado, alegre e contente o tempo todo. Ter sempre um sorriso no rosto e estar distante de qualquer incômodo.

Sempre que se fala da felicidade, fala-se de algo que não se tem naquele momento, fala-se do que falta, do que está no futuro. Desse modo, a busca da felicidade vem aderida a certa ansiedade e temor. Tendemos a considerar "ser feliz" como a linha de chegada, o ponto final. Deixamos de olhar a jornada e tudo que envolve esse caminho, sem nos dar conta de que a felicidade tem mais a ver com "estar feliz" do que "ser feliz".

Enquanto buscamos a felicidade, não somos felizes. Somos ansiosos e temerosos, perdendo de vista a vida que está sendo vivida naquele momento. Acreditamos que a felicidade depende dos acontecimentos e, assim sendo, aguardamos que algumas coisas se façam presentes para, daí, ser legítima a felicidade. Fica quase impensável ser feliz sem grandes, novos ou surpreendentes acontecimentos. Junte-se a isso a exigência explícita ou implícita do sucesso e da prosperidade. Claro, o pacote da felicidade fica mais pesado, e a ansiedade vem a galope! Sim, nesse caso, a felicidade passa a estar atrelada ao que a pessoa vai mostrar para o mundo e ao quanto pode ser aceita e importante.

Podemos nos sentir felizes enquanto estamos no presente, envolvidos naquilo que nos propusemos fazer - seja no trabalho e vida pessoal, seja no ócio.

A vida pode ser assim: fruída, exuberante, com sentido, um encargo, um peso desafiador. Mesmo assim, a felicidade pode estar na perspectiva, no horizonte. Sim, a felicidade é um horizonte, como diz o filósofo Mario Sergio Cortella, inatingível como circunstância de permanência. Felicidade é um desejo contínuo. Nenhum de nós consegue estar na felicidade todo o tempo. Quando negamos essa realidade, deixamos que estados de forte ansiedade nos conduzam, nos ceguem sem que possamos usar o movimento da ansiedade de modo favorável para empreender a jornada que se antecipa à felicidade.

Gosto muito de uma citação bastante conhecida de Guimarães Rosa. Condensa o que me parece ser a vida no seu sentido mais profundo e verdadeiro: "O correr da vida embrulha tudo. A vida é assim: esquenta e esfria, aperta e daí afrouxa, sossega e depois desinquieta. O que ela quer da gente é coragem".

A vida é um conjunto de vivências contraditórias e complementares. Na felicidade está a infelicidade, na infelicidade pode estar o caminho do entendimento, na dor existirá a cura, no dia temos a noite e assim por diante.

A positividade em excesso desconhece as contingências do viver cotidiano

Na busca por boas energias e positividade, Raquel recorre a receitas, instruções e práticas (que chama de "alternativas"), tudo em nome da felicidade e das *good vibes*, como ela mesma declara. Raquel se considera bastante espiritualizada, o que, para ela, significa estar em contato com o divino. Quase sempre esse divino está em algum lugar fora dela ou em algum objeto. Nada simples lidar com qualquer dor que nem sempre sabe controlar, entender ou refletir. Quer ser boa pessoa, boa companhia e ser vista como uma mulher bem resolvida. Evita usar palavras negativas, fala "gratidão" no lugar de "obrigada" e tem certeza de que poderá se salvar de si mesma e salvar o mundo.

Quando negamos ou banalizamos as reais dificuldades que o ser humano tem na vida, perdemos certo pé da realidade. Se uma pessoa se sente insegura, fraca, tímida e condenada a certo insucesso existencial, não serão fórmulas ou receitas que levarão essa pessoa a algum lugar onde possa se dar conta da compreensão mais enraizada da própria vida.

Algumas buscas podem ser auxiliares em todo processo de autoconhecimento, desde que cada um saiba o lugar que ocupa cada prática, sem perder de vista que nada elimina os desafios permanentes da vida.

A necessidade de uma excessiva positividade nos leva a refletir sobre a dificuldade cada vez maior de muitos conseguirem olhar para as coisas como elas se apresentam, de suportar a demora para que as coisas amadureçam, de entender que nem sempre o encaminhar de situações ou de relações sairá conforme o previsto. Tolerar frustrações, suportar que a vida é um movimento contínuo de inícios e términos e aceitar que a ansiedade é um fato real da vida não é uma invenção. É um dado histórico.

A maior parte das pessoas quer eliminar de qualquer forma a ansiedade, ainda que ela seja constitutiva da existência humana. Infelizmente, qualquer grau de ansiedade passou a ser objeto de psicopatologia. Quando não são os métodos alternativos para combatê-la e trazer a felicidade e a positividade, é o arsenal farmacêutico que entra em cena, e a ansiedade passa a ser uma espécie de produto à venda, tem seu lugar e seu preço.

Onde há desejo, há ansiedade

Para viver a felicidade, é preciso coragem para enfrentar a insegurança, a instabilidade e, em última análise, a infelicidade.

Essa agonia, essa pressa e busca desenfreada por tudo o que seja "positivo", revela uma forma de ser, uma estrutura emocional que se defende e nega o que chamamos de realidade. Por conta disso, no lugar dessa que é negada, cria-se outra realidade onipotente, em que tudo pode ser como eu desejo e quero - uma máxima do pensamento infantil. Basta querer, pensar, e as coisas acontecem.

Atualmente, temos uma gama de propostas de atendimentos e soluções que reforçam a crença de que o mundo se transforma na medida do nosso desejo. Se desejarmos, quase como uma mágica, o mundo nos dará o que buscamos.

A ansiedade, que nos constitui como seres humanos e sinaliza a nossa incompletude, necessidade e dependência, quase sempre precisa ser extinta, combatida por uma dose até maior de ansiedade decorrente da ideia de que "tudo posso". Há uma ideia corrente de que sentir ansiedade é sinal de que algo não está bem, precisa ser tratado e banido. Contudo, poucos sabem que nada é pior do que realizar *todos* os desejos (aliás, nem seria possível). É apenas uma ilusão.

Não basta desejar para as coisas acontecerem, não basta ir em frente e fazer todo o esforço para que haja plena realização. Há tantos fatores que determinam o encaixe de quem sou eu, do que desejo e do que é possível. Deixamos de lado a observação, o respeito à realidade, não levamos em conta as circunstâncias e as contingências que a vida nos traz a todo momento. A realidade é influenciável até certo ponto; com frequência, temos de lidar com nossa impotência e criar condições e recursos para lidar de outras maneiras com o que se apresenta como possível.

Como falamos em capítulos anteriores, no século XVII não havia muito o que fazer, o nível de mobilidade era estrito, quase sempre se vivia e morria no mesmo lugar. A realidade era o que era. Com o capitalismo, passamos a ter mais mobilidade, autonomia e, portanto, a percepção de uma realidade mutável e alterável.

Diferentemente do que se vivia em séculos passados, a dimensão psicológica e a dimensão da individualidade agora tem força para interferir e determinar mudanças. Os mecanismos de alteração da realidade vão se aperfeiçoando, mas a soberania das circunstâncias e da história de cada um não perde relevância.

O fato é que o excesso de positividade é uma simplificação brutal da realidade que ninguém comanda, embora saibamos que a perda de referenciais éticos, familiares e religiosos cria uma espécie de buraco que precisa ser cada vez mais preenchido com recursos que prometem rapidez, eficácia nas mudanças e, muito importante, sem muito esforço e compromisso.

A era da ansiedade vem acompanhada da era da ostentação. Tudo precisa ser excessivamente mostrado, reiterado e maquiado de positividade, alegria, bondade e virtudes. Tudo o que é indesejado, incômodo, feio, disforme precisa ser "trabalhado" para deixar de existir. É uma ideia de equilíbrio permanente e ideal, sem dúvida impossível quando se trata de humanos.

Assistimos todos os dias, principalmente a partir da pandemia, ao aumento da ansiedade, da angústia. Uma série de hábitos, modos de estar e de ser foram derrubados, questionados e estão ainda sendo revistos. Não sabemos que mundo será herdeiro desse imenso tsunami que estremeceu a Terra. Se, antes desse imenso divisor de águas já vínhamos assistindo a uma perda de referenciais e de algumas certezas reconfortantes, agora, mais ainda, observamos pessoas tentando criar referências, se agarrando a sistemas para manejarem uma realidade com que elas próprias não conseguem lidar.

A positividade e o que se convém chamar de "espiritualidade" passaram a tomar esse lugar de referência, formando um sistema que cria um amortecedor que pretende oferecer uma trégua, uma esperança para essa realidade indigesta e imprevisível. Na positividade, podem aparecer certa aceitação e constatação da realidade, porém quase sempre de modo simplificado, acompanhadas da ideia de que por meio do pensamento tudo pode ser mudado, desde que se queira.

Para concluir, talvez uma das coisas mais nefastas dos nossos tempos seja a felicidade mandatória. Sem dúvida, uma busca carregada de ansiedade, medo, comparações e sentimentos ininterruptos de insuficiência e falta: "Que há de errado comigo por não ser feliz? Gostaria de ter a vida feliz a que assisto nas redes sociais".

A obrigação de ser positivo, grato e pleno com tudo e todos não considera a complexa rede de acontecimentos externos e internos, pessoais, impactando os nossos mais diversos modos de estar e ser. Mas, afinal, o que é a tal felicidade? Do que se trata esse estado tão buscado pela maioria de nós?

Se nos observarmos, vamos reparar que a felicidade parece estar mesmo por trás de tudo o que fazemos, pensamos e buscamos. Tomamos decisões, fazemos pequenas e grandes escolhas pautadas na busca de um estado pessoal e/ou coletivo de felicidade. Quantas vezes ouvimos: "Estamos nessa vida para ser felizes", "O que interessa é que faças o que te faz feliz!", "Se não está feliz, que mude!".

À felicidade, passamos a atribuir uma série de fazeres e realizações para que ela ocorra. Sem trabalho, sem dinheiro, sem beleza, sem um belo corpo, sem um relacionamento e sem tantas coisas, como poderemos ser felizes?

10 sinais de alerta para a positividade excessiva

1. Ignorar sentimentos, situações e memórias ruins, criando a ilusão de que a ignorância trará melhorias para o cotidiano.
2. Varrer suas dores para debaixo do tapete. A ideia de que não falar sobre algo indesejável ou não sentir seus efeitos é uma forma de fazer com que a situação deixe de existir.
3. Evitar mexer no vespeiro que trará de volta dores que não será capaz de suportar.
4. Ostentar alegria, beleza, saúde, bens materiais que nem sempre tem ou para mostrar equilíbrio, poder e força.
5. Posar de ganhador ou ganhadora, assim todos os problemas serão apagados junto com as dores.
6. Esquecer que a lida com a felicidade e a ansiedade passa por lucidez, conhecimento e trabalho das dores.
7. Negar nossa humanidade e sentimentos nem sempre aceitáveis, como inveja, vaidade, maledicência, vingança etc.
8. Desviar o olhar do que não é aceitável. Esses sentimentos podem criar novas possibilidades de descobertas mais reais e mais genuínas, que promovam mudanças sustentáveis, fugindo da fórmula simplificada da humanidade.
9. Não se perguntar para que e para quem deseja a vida que quer ter ou tem.
10. Esquecer que sofrimento não é sinal de fracasso. A tristeza pode ser um lugar para se recolher e estar numa solidão legítima. Permita que a dor ensine.

ENFIM, O QUE PROVOCA A ANSIEDADE?

Autenticidade é a prática diária de abandonar quem nós pensamos que devemos ser e assumir quem somos.
Brené Brown, *A arte da imperfeição*

Na lista das ansiedades descritas até aqui, podemos perceber que as sugestões oferecidas para ultrapassá-las demonstram preocupação com o lugar ocupado pela pessoa no mundo e, em seguida, com a sua interação com os concidadãos.

Se observarmos, em quase todos os seguimentos da vida - pessoal, familiar, profissional e social -, uma das maiores fontes de ansiedade reside na interação da pessoa com os demais indivíduos e com a rede social que a sustenta. Se, de um lado, a interação com outros é desejável, importante e fundamental para uma existência mais consistente e amorosa, de outro lado, os outros sempre serão "ansiógenos", ou seja, potenciais geradores de ansiedade em nós. Como já apontava o filósofo francês Jean Paul Sartre, "o inferno são os outros"; acrescento: o inferno são os outros e nós nos relacionando com os outros.

Quando estamos em relação com outro indivíduo, nos indagamos "Quem sou eu?" e, sobretudo, "Quem sou eu para o outro?". Como foi citado anteriormente, foi a partir da Revolução Industrial que o homem passou a se ver como indivíduo, como capaz de se inventar e levar sua vida de acordo com a individualidade. A mobilidade do homem na Terra foi incrementada, e onde se nascia não necessariamente era o mesmo lugar onde se morria. O homem sai da condição de servo para ser dono daquilo que julga serem seus próprios meios de sobrevivência, mais livre de coações e mandos alheios (na verdade, mais livre que seus predecessores).

Entretanto, a vida não é tão simples assim. Os indivíduos continuaram e continuam até hoje tentando acertar a equação desafiadora entre duas importantes variáveis: individualidade e pertencimento. Que isso quer dizer? Que estamos buscando o que somos, como queremos estar, mas, ao mesmo tempo, também necessitamos não perder de vista a nossa necessidade de pertencer, de estar em grupo. Estamos atentos sobre o que os outros desejam e pensam sobre nós.

A ansiedade provocada pelo medo de rejeição parece andar de mãos dadas com a busca por ser amado. Esse imbróglio se inicia já no seio da família, quando somos bem pequenos. Já na infância vamos experimentar o que se chama de ansiedade básica, uma espécie de apreensão de não ser cuidado, protegido, amado e envolvido num ambiente de segurança. Os seres humanos buscam persistentemente ser amados e reconhecidos, então experimentamos as dúvidas: "Quanto sou amado? Quanto sou aceito, reconhecido?". Quanto melhor vivemos a infância e se confirmam a segurança e proteção, mais recursos vamos construindo para lidar com as ansiedades presentes na vida adulta.

Ser amado e se amar são um belo desafio, haja vista que nem sempre o que consideramos como nosso jeito de amar e desejar é semelhante às expectativas dos outros, em especial daqueles que nos interessam.

Beth, 40 anos, me procurou dizendo: "Preciso saber quem sou, preciso me reinventar. Não sei por onde começar. Tenho filhos, marido, uma família, um bom trabalho, mas algo parece que não encaixa. Tenho medo de buscar um caminho próprio e deixar tudo ameaçado e perdido. Por onde começo?". Beth não luta contra alguém - pais, marido ou mesmo filhos - que a impede de fazer ou ser algo na vida; luta contra o peso de fazer de si própria uma pessoa que se considere mais apreciada, mais encaixada nela própria. Embora vivamos incessantemente a pressão por usufruir de uma vida mais independente das restrições e exigências sociais, o pedido de Beth mostra ansiedade de ser mais bem aceita por ela própria, mas sem perder seus lugares de pertencimento - família, casamento e trabalho.

As ansiedades de ser aceito, ser suficiente e deixar um legado parecem estar presentes na vida em sociedade, na qual predomina "o desejo do outro", na qual anseia-se por atender, conhecer, obedecer aos padrões, às exigências e às regras dos outros.

Mas quem são esses "outros"? São aqueles que, no imaginário, representam a autoridade ou os ideais respeitados na cultura de cada um. Por exemplo: o mais bem-sucedido, o mais bonito, o mais rico, o mais inteligente, e por aí vai. Cria-se uma ideia de que ser como esses outros traria identificação e realização.

Vivemos imersos em clichês de sucesso, felicidade, bem-estar, beleza, qualidade de vida etc. Certamente, por nada disso passaríamos incólumes. Os clichês são poderosos, revelam o que a maioria pensa e busca, são fontes de opressão. Como não sentir ansiedade? Como não se comparar?

Percebam a enorme contradição a que nos submetemos: vivemos numa sociedade que clama e defende a liberdade, mas somos empurrados, quase obrigados, a desejar o que se define como desejado, desde bens de consumo até formas de ser e estar, experiências e formas de viver a sexualidade. Tudo passa por um conjunto de regras e formas esperadas de viver o cotidiano.

Devemos nos perguntar o que queremos? O que desejamos é o próprio desejo ou o desejo de outro? O desejo pessoal, individual, é colonizado, nas palavras da psicanalista Maria Homem, é bombardeado incessantemente por coisas a desejar. O universo da imagem nunca foi tão explorado coletivamente.

A ansiedade nasce no descompasso entre o real e o imaginário, entre a essência e a aparência, entre o ser e pretender; é um traço humano. A novidade é nos vermos forçados a ser felizes. A felicidade se tornou em um decreto de virtuosidade, bem viver e força. Temos que ser felizes o tempo todo, intensamente. As redes sociais colaboram sobremaneira para essa situação. A vida dos outros passa a servir de modelo; logo, uma vida que não obedece a esse script passa a não ter valor ou ter seu valor questionado.

Segundo o filósofo sul-coreano Byung-Chul Han, estamos inseridos na sociedade do cansaço, tudo parece aumentado para que mais e mais se deseje. A felicidade, a riqueza, a beleza e o sucesso precisam ser plenos e coletivos. Quem não se insere nesse cenário tende a se sentir ansioso pois se vê excluído do desejo daqueles que são considerados “respeitáveis”.

CONSIDERAÇÕES FINAIS

A gente tem o direito de deixar o barco correr.
As coisas se arranjam, não é preciso empurrar com tanta força.
Clarice Lispector, *Correspondências*

O incessante debate sobre uma nova era de ansiedade parece sugerir que esse sentimento de mal-estar físico e psíquico é algo de que devemos nos livrar ou, ao menos, controlar.

Como disse no início deste livro, a discussão que proponho não é a busca por controle da ansiedade – aliás, quanto mais tentamos controlá-la, mais presente e intensa ela se faz –, mas por conhecê-la, tomá-la como um sinal de que algo precisa ser compreendido e aproveitado na sua parte vital, força necessária e inerente ao fato de estarmos vivos.

Nada mais democrático que o estado de ansiedade. Com maior ou menor intensidade, mais ou menos frequência, em qualquer parte do mundo, independentemente de classe social, gênero e etnia, todos nós passamos por algum desconforto trazido por esse sentimento. A diferença é como cada cultura e cada indivíduo no seu contexto vai encarar o desconforto e dar a esse sentimento sentido e significação com mais ou menos positividade.

Até aqui, fiz um esforço para demonstrar os aspectos positivos da ansiedade e explicar que senti-la não necessariamente define alguém como ansioso. Há uma enorme diferença entre estar ansioso e ser ansioso. A primeira forma pode ser circunstancial, temporária e provocada por eventos e momentos de importantes e necessárias mudanças, inclusive de reconhecido crescimento. A segunda forma de instalação da ansiedade diz respeito a um estado que tem duração maior e aparece em quase todas as situações da vida. Não se trata, nesse caso, de uma ansiedade que impulsiona e leva a mudanças importantes. Pelo contrário, dificulta o dia a dia mais harmônico, precisando de uma atenção especializada.

Vivemos tempos em que algumas emoções, quando intensas, são vistas como negativas; por exemplo: tristeza, luto, raiva e - por que não? - ansiedade. Há todo tipo de técnica e tratamentos clínicos, às vezes desnecessários, os quais prometem não só combater os incômodos emocionais, mas bani-los e elencá-los, rapidamente, na categoria de psicopatologia.

A sociedade pós-moderna embala o sonho, a ilusão de equilíbrio, ponderação e felicidade constantes. Todos nós, em muitos momentos, gostaríamos que a plenitude não existisse só por um momento, mas por todo o tempo da nossa existência. Claro que as promessas vazias de uma nova humanidade quase perfeita, feliz e alegre são cotidianamente frustradas pela realidade que nos joga daqui para ali, dali para aqui, exigindo reformulações, novos entendimentos e redimensionamentos das nossas realidades interna e externa, assim como dos modos os mais diversos de convivência.

A partir desse afã de eliminar toda e qualquer coisa que cause incômodo e dor, observamos que as pessoas vão desenvolvendo uma baixa resistência para lidar com a frustração, levando à infantilização da vida adulta. Como se observam adultos infantilizados? Quando insistem em acreditar que a realidade pode ser como desejam e tomam contrariedades como ofensa ou injustiça, desenvolvendo uma atitude vitimista que os exclui das responsabilidades existenciais para lidar com a vida tal qual é: por um lado, imprevisível, incerta, nem sempre justa, cheia de dificuldades, por outro lado, instigante e fascinante.

O modo como a ansiedade quase sempre é apresentada pela mídia, pelas redes sociais e mesmo por alguns profissionais da saúde nos leva a pensar que esse sentimento é o principal motivo e justificativa dos nossos desesperos mundanos e a maior porta de entrada para doenças que afetam a nossa saúde mental. Entretanto, sabemos que a nossa existência é atravessada por desafios diários que promovem, entre tantos outros incômodos, a ansiedade. Atribuir a ela o *status* de "maior dos problemas" pode camuflar e deixar de fora uma série de outras situações das quais muitos de nós fugimos, amedrontados, recusando o enfrentamento. Estar ansioso, e assim nomear, pode resolver certa ignorância que carregamos sobre nós mesmos.

Ora, ora, a alma humana é considerada, desde os antigos filósofos gregos, como a nossa mais profunda complexidade. É nesse lugar tão íntimo e vulnerável que nossa identidade se delineia e se cria. Não há possibilidade de que o processo de existir não seja atravessado por momentos de angústia, tristeza, dúvida e pesar. Existir requer escolhas, e escolhas quase sempre envolvem conflito.

A própria convivência social implica, queiramos ou não, a necessidade de lidar com modos de viver, opiniões e posturas diferentes daquelas em que acreditamos. Tudo isso por si só já traria um volume considerável de inquietações e ansiedades nas suas mais diversas facetas, algumas vezes até impedindo o indivíduo de atuar no mundo, sobretudo em relacionamentos com outras pessoas. A ansiedade social, aquela que o indivíduo vive no domínio público, tem sido bastante enfocada por trazer de forma explícita os prejuízos da elevação das intensidades emocionais.

As propagandas de ansiolíticos são ávidas em apresentar a ansiedade como um forte obstáculo para que se persevere no trabalho e nos relacionamentos. É interessante notar, em algumas propagandas sobre essas medicações ou sobre a importância da saúde mental, como a pessoa afetada pelo transtorno quase sempre está assustada, descuidada e, mais importante, sozinha. Ao incluir a medicação, as flores se abrem, o sol brilha e a pobre coitada da pessoa "doente" passa a estar cercada de amigos, amores, e conquista um bom emprego.

É evidente que há sérios transtornos emocionais e mentais que trazem enorme sofrimento, impedem a vida de muitas pessoas de andar para frente e ter o mínimo de funcionalidade. Sem dúvida, nesses casos, a medicação tem um importante papel e, felizmente, está cada vez mais desenvolvida para atuar diminuindo a dor, o sofrimento e, sem dúvida, abrindo espaços para uma condição de vida melhor.

Saúde mental é, simplesmente, tudo o que nos cerca e nos determina no modo de ser, de nos relacionar, de desejar e de trabalhar. Contudo, devemos observar que uma tristeza ou um estado de ansiedade fazem parte da relação com o mundo, independentemente da qualidade dessas relações. Dar conta da vida, transitar nela, suportar seus imprevistos são tarefas fascinantes que trazem junto inseguranças inevitáveis.

A ansiedade passou a ser vista como algo que altera radicalmente a percepção subjetiva da realidade. Quando falo em percepção subjetiva, me refiro àquela que traz em conta nossas emoções, crenças e valores; sob sua influência, a pessoa cria estados de fantasia que, por sua vez, podem transformar a realidade em algo perigoso e ameaçador ou, ilusoriamente, perfeito, livre de feiúras e decepções.

Alguns acontecimentos mundiais, como a pandemia, instauram um sentimento de intranquilidade em torno de tudo o que vivemos em casa, mas também em sociedade e em todas as partes da Terra.

A ansiedade gerada a partir desses últimos acontecimentos não distorce a realidade nem a torna ameaçadora; ao contrário, podemos dizer que é a própria realidade. Sem dúvida, vivemos momentos de perigo real, com o qual podemos lidar apenas em parte (máscaras, álcool em gel e vacinas), não totalmente. Vamos aprendendo a conviver com a intranquilidade traduzida pela ansiedade. Não há como banir e fazer de conta que o vírus não existe ou deixará de existir, pelo menos no curto prazo.

Muitas situações não dependem diretamente de nós, mas não significa que a ansiedade construa situações inverídicas. Nem sempre! A realidade que muitos de nós vivemos é deveras tão deprimente, dura e aterradora quanto nossos piores temores fantasiosos. Há uma simplificação grotesca em achar possível que o indivíduo assediado constantemente pela ansiedade de repente se transforme em relaxado e calmo. Inúmeras vezes, a ansiedade é uma forma, um jeito legítimo de fazer a leitura de uma realidade em que nada é facilitado.

A pandemia é um exemplo de situação que deflagrou em todos nós certa ansiedade; em alguns, uma ansiedade maior que o suportável. Entretanto, vale dizer que, neste momento, a ansiedade experimentada não é fruto de uma fantasia, ela nasce de uma realidade que se impõe. Como se, entre nós, estivesse um terrorista: o vírus que pode atacar qualquer um, em qualquer lugar, a qualquer hora. Ninguém, a princípio, será poupado. Uma realidade difícil de ser suportada, pois nos desenvolvemos em larga escala em quase todas as áreas - medicina, tecnologia, pesquisas etc. - e não imaginaríamos nos ver de joelhos diante desse invisível "terrorista". Sem a menor dúvida, nossa ideia de controle, de comandar um sistema de certezas e de segurança, foi mortalmente ferida.

Como vimos percorrendo os capítulos anteriores, a ansiedade, como diagnóstico e tratamento, ganhou um lugar de muita importância há poucas décadas. Não faz tantos anos que a ansiedade passou a ser um tema de quase todas as conversas de especialistas e não especialistas, que lançam técnicas, sugestões e práticas para melhorar o "combate" a esse inimigo oculto que pode assediar qualquer um de nós, a qualquer momento, sem que haja preparo para isso. Nunca ouvimos tanto: "Estou ansioso"; "Tive uma crise de ansiedade"; "Estou fazendo exercícios para melhorar minha ansiedade"; "O médico disse que meu problema é a ansiedade".

É interessante que a explosão da ansiedade, como autodiagnóstico e termo psicológico amplamente divulgado, passou a explicar qualquer estado emocional de intranquilidade e de agitado desconforto. Curiosamente, alguns usam a "ansiedade" como esconderijo para toda sorte de dificuldade, quase como se a ansiedade fosse uma entidade separada do que é a forma de ser de cada um. Portanto, ganhou força, principalmente, com o surgimento da internet, redes sociais e a abundância de informações sobre qualquer coisa em qualquer lugar.

A natureza da internet requer o motor da ansiedade para se movimentar. A ânsia da informação acessada em tempo real, a possibilidade de conversar com quem quer que se deseje, de longe ou de perto, e a oportunidade de consumir de forma rápida (e nem sempre segura) produzem estilos diferentes de vida. Hábitos, crenças, modos de falar, vestir, comer, se relacionar são radicalmente afetados, assim como foi com a invenção da televisão. Não seria possível que, diante dessa verdadeira revolução tecnológica, os contextos emocionais não sofressem impactos. Nem sempre nossa vida psicológica consegue acompanhar, com o mesmo ritmo e tempo, os avanços tecnológicos.

Para dar conta de tantas janelas de oportunidades que se abrem, tantos questionamentos e mudanças de paradigmas, temos que imprimir todos os dias um ritmo de compreensão nem sempre à altura do nosso desejo de estar "bem informados", "ligados" e "por dentro". A nossa vida privada, os momentos de ócio, a posição de simplesmente não entender sobre algo e precisar de ajuda começam a ser bastante relativizados, quiçá "cancelados".

Não podemos esquecer que, mesmo antes da internet, surgia com força uma nova categoria de tratar os problemas humanos: a autoajuda. Certamente, com a internet, a autoajuda passou a chegar mais rápido e por meio de pessoas que não necessariamente são especialistas em psicologia, psiquiatria ou neurociência. Essa nova categoria ganha muitos adeptos e, como desdobramento, surge o agora tão conhecido *coaching*. Para todos os temas - vida profissional, casamento, família, maternidade etc. -, há, de forma quase imediata, um conselheiro, um *coach* ou um terapeuta alternativo que promete retirar a ansiedade com controles que dizem funcionar de maneira mais eficiente que os métodos mais conhecidos de psicoterapia, e alguns podem realmente ser eficientes.

De maneira resumida, há alguns tipos de ansiedade tratados atualmente por *coachs* e os mais diversos gurus da autoajuda: 1) insuficiência (de amor, dinheiro, beleza etc.); 2) medo da rejeição (as pessoas não gostarão mais de mim); 3) é bom demais para durar (quase tudo parece pouco sólido, consistente e confiante); 4) síndrome de impostor (serei descoberto, não sou o que pareço); 5) que importância tem minha vida? Que legado vou deixar?; 6) o que me realiza? (preciso de um trabalho que nutra todos os desejos de qualidade de vida e ganhos).

Diante dessas ansiedades todas, as sugestões e os conselhos que visam tratá-las encorajam as pessoas a serem mais generosas e menos centradas nas suas riquezas; a revelarem seu verdadeiro eu, até mesmo suas falhas, sua vulnerabilidade; a fixarem em lugares estratégicos "eu mereço ser feliz"; a criarem uma espécie de pasta de obrigações positivas com todos os cumprimentos já recebidos, para serem lembrados em momentos de depressão e melancolia; a enriquecerem os laços com os amigos e familiares, pois são essas relações o legado que deixamos para o mundo; e praticar largamente a gratidão (outro termo usado exaustivamente).

Sem dúvida, a profusão de possibilidades e, por consequência, a quantidade de escolhas que temos que fazer todos os dias abrem oportunidades para a emergência de um rol de gurus, técnicas, líderes de toda espécie que se prestam a acolher aqueles que se mostram perdidos no meio de tantas exigências e desencaixes de toda ordem.

A chamada era da ansiedade, embora bastante discutida e evidenciada, traz à tona que muitos ainda estão às voltas com a falta de respostas para as próprias angústias e, portanto, mais sujeitos à influência de alguém ou de um conjunto de procedimentos que tomem conta e assumam o controle da tarefa exaustiva que cada um de nós tem de fazer: as próprias escolhas.

Em uma época de abundância de opções e do imperativo da felicidade, do gozo e da satisfação plena, há uma demanda por soluções mágicas e explicações que deem cabo de tantos incômodos. Vivemos sob a égide de um consumismo que parece até inevitável e de uma oferta sem igual de tudo quanto é recurso.

Apesar da facilidade que a vida tem apresentado, comparada a épocas anteriores, o indivíduo constantemente reclama de sua situação e parece compreender que saúde mental e bem-estar são estados que pressupõem a ausência de qualquer dor, sofrimento ou infelicidade. Não à toa, uma espécie de reclamação diária é feita onde quer que se chegue. O lugar de vítima nunca foi tão festejado, como se todo o processo de viver excluísse a responsabilidade individual. Há uma fantasia de que, em algum lugar e a qualquer momento, haverá um tempo em que as necessidades estarão todas satisfeitas.

Experimentar o sentimento de ansiedade não deve ser tomado como algo que impeça seu bem-estar, mas, antes, como um sinal de um modo particular para viver, enfrentando os antagonismos que marcam a vida em sociedade.

Por fim, vale contar um pequeno trecho de uma história sobre um comandante do exército norte-americano. Perguntaram-lhe sobre como lidava com a ansiedade de seus soldados na iminência de uma batalha, e ele respondeu: "Sou muito cauteloso quando me deparo com um soldado que não manifesta ansiedade. Quando vejo aquele lampejo nos olhos, revelando que ele não tem medo de matar, fico horrorizado". A moral da história? Você consegue imaginar um mundo sem ansiedade? Como seria ele?

12 dicas para cuidar da sua ansiedade

1. Todos somos ansiosos em algum nível, não se assuste. A ansiedade não é, por si, uma doença. É um sentimento. Todo sentimento e toda emoção são importantes e possuem finalidade e propósito. São vitais e naturais.
2. A ansiedade pode ser reconhecida como um sentimento de angústia que não necessariamente corresponda a um perigo real e iminente. Ela não é randômica, mas sim vem engatilhada por uma situação, um pensamento ou uma memória.

3. Ouça sua ansiedade. Não a jogue para longe, não a ignore e não tente bani-la. Lembre-se de que, quando você ignora alguém que tenta lhe passar uma mensagem, esse alguém falará mais alto, gritará até você ouvir. Portanto, procure ouvi-la.
4. Tome a ansiedade como uma aliada, não como uma inimiga. Ouvir a sua mente é cuidar de você, é restituir o controle e, quase sempre, aprender a ter comando sobre sua direção na vida. Ouvindo melhor a ansiedade, você pode classificar se o que vem dela é útil ou inútil, apropriado ou inapropriado.
5. Procure ajuda profissional se estiver tendo dificuldade de fazer a leitura sugerida acima. Não é incomum não sabermos que temos uma mente e encontrarmos dificuldade de acessar os recursos para fazer a leitura da ansiedade ou de qualquer outro sentimento. A ajuda é mais importante para que aprenda a se auto-observar, a se aproximar dos seus estados de mente do que propriamente para banir a ansiedade. Ela sempre estará por perto, como vimos até aqui.
6. Quando aprendemos a olhar para o que se passa no nosso mundo mental, podemos gerar uma atitude mais gentil com nossas emoções. Aproveita-se melhor o tempo, evitando um enorme debate interno para superar as condenações por erros cometidos e/ou oportunidades perdidas. Quase sempre a ansiedade fala de um acúmulo de experiências que continham altas exigências de ser, fazer e viver a vida sem cometer deslizes e equívocos.
7. Se maltratar é julgar e criminalizar todo e qualquer incômodo emocional, como se não fizesse parte da existência humana.

8. Julgamentos excessivos, pouco realísticos geram baixa estima, e a baixa estima gera sentimentos como a ansiedade.
9. Todos os dias, precisamos cultivar momentos de silêncio. São momentos dedicados a tomar no colo o que se passa com a nossa alma e, quem sabe, conseguir chegar perto do que é mais verdadeiro em nós.
10. Identifique situações que possam ser disparadores de ansiedade e observe se há alternativas para mitigá-las usando estratégias que não levem a ansiedade a gritar para ser ouvida.
11. Identifique se a ansiedade está sendo debilitante, pois nem sempre ela tem essa característica, sendo apenas um desconforto a mais dentre tantos outros que carregamos. Se identificar que ela paralisa, impede ações do seu dia a dia, converse com um profissional habilitado.
12. Sentir ansiedade não significa que sua saúde mental está doente e, tampouco, que é uma invenção da sua cabeça. Nada disso funciona para lidar com a ansiedade. Ela existe e precisa ser ouvida.

Pergunte-se

1. Como você se sente hoje?
2. Qual pensamento surgiu e o que você sentiu ao ler este livro? Ele o ajudou? Esclareceu dúvidas?
3. Está ansioso sobre alguma coisa?
4. Já pensou que coisas boas também lhe trazem ansiedade?

Ao fim deste livro, concluo que a ansiedade é um sentimento que demanda a nossa atenção, nos lembra de onde estamos, para onde vamos e como pretendemos chegar. Sem a ansiedade, nós não construiríamos nossas carreiras, famílias, amores, amizades e não cuidaríamos de nos preparar diante de perigos, ameaças e situações que possam de alguma forma nos prejudicar. A ansiedade é importante para a sobrevivência e a geração de segurança. Sem a segurança, dificilmente podemos desfrutar dos momentos de satisfação e felicidade. Portanto, uma sociedade destituída do sentimento de ansiedade é um lugar muito perigoso para se viver e, ao mesmo tempo, seria uma espécie de vida vazia, que não pulsa e não se reconstrói diante das intempéries inevitáveis do viver. Cuide, ouça e faça as pazes com sua ansiedade!

AGRADECIMENTOS

Em 2020, no auge da pandemia e já em isolamento social, recebi uma mensagem de Luiza Del Monaco, gerente editorial da Editora Nacional, me convidando para escrever um livro. Foi uma grata surpresa, a melhor oportunidade naquele momento! Conversamos daqui e dali, marcamos uma reunião, agora incluindo o editor Ricardo Lelis, e chegamos ao tema da ansiedade, absolutamente atual e oportuno.

No entanto, como abordá-lo? Luiza, Ricardo e eu construímos a seis mãos um formato em que a ansiedade seria apresentada pelos seus aspectos positivos e inerentes ao viver. Aliás, o livro ganhou o título que tem hoje para oferecer uma oportunidade para que cada um possa, dentro do seu contexto, fazer as pazes com esse sentimento que nos toma em tantos momentos inesperados e parece inescapável à existência humana.

Luiza e Ricardo foram meus companheiros nessa travessia de escrever sobre ansiedade no olho do furacão da pandemia. Ansiedade não faltou, mas nenhuma ansiedade nos assusta quando temos bons companheiros ao nosso lado.

Depois de escrito o livro, ainda contei com a atenciosa preparação de texto feita por Bia Nunes de Sousa. Sem dúvida, o time da Editora Nacional foi impecável para que este livro pudesse "nascer" dentro dos melhores parâmetros de qualidade.

Obrigada, Luiza, Ricardo e Bia, pela confiança e apoio.

Brevemente, aproveito esses agradecimentos para contar-lhes que escrever, para mim, sempre representou um esforço que resolvi empreender com mais dedicação à época da faculdade, mais especificamente durante o meu mestrado.

Para mim, escrever é uma daquelas coisas que eu queria muito fazer, porém nunca foi um talento inato e, por isso, exigiu da minha parte trabalho e dedicação. Tive - e ainda tenho - que trabalhar muito, costumo errar bastante durante o processo, mas imediatamente procuro acertar as rotas para avançar. Meu português escrito sempre precisou de reparos para ser mais e mais aperfeiçoado. Escrever é um desafio fascinante, mas, ao mesmo tempo, um gatilho certeiro para minha ansiedade.

Quando terminei o livro, confesso que me emocionei e, por alguns minutos, um filme longo passou em minha cabeça, de tudo o que venho aprendendo nesses quase 40 anos de profissão. A partir desse momento, acompanhada pelo sentimento de gratidão, faço meus agradecimentos aos meus principais mestres.

A primeira pessoa que quero agradecer é a Prof.ª Dr.ª Yvette Gohara, que foi minha orientadora de mestrado. Suas aulas costumavam provocar em mim os piores estados de ansiedade. Muitas vezes ouvi dela que eu não sabia escrever e que tudo que eu lhe apresentava necessitava retrabalho. Lembro-me de ter crises de pânico cada vez que eu levava vinte, trinta páginas escritas para apresentar a ela e ao grupo de colegas. Em uma dessas ocasiões, na frente de todos, ela jogou na mesa aquele calhamaço de páginas e, visivelmente irritada, esbravejou: "Você não sabe escrever e não vai conseguir terminar o mestrado!". Lembro-me de que aguentei firme, sem derramar uma lágrima, apenas concordei, perguntei-lhe como eu poderia melhorar e se ela poderia me ajudar nessa tarefa. Ela me respondeu, um pouco embaraçada: "Procure um professor de português!". Foi o que fiz e agradeço seu conselho.

Gabriel, meu professor de português, era quase um anjo. Ensinava com paciência e me levou por lugares da língua portuguesa que me deram tanta esperança, alegria e imensa gratidão. Ele acreditava que não me faltava nada de essencial e sorria a cada desespero meu. "Acalme-se, você só cometeu um erro. Conserte-o e aprenda." Não sei por onde anda aquele professor, mas nunca o esqueci. De todo modo, fica aqui meu agradecimento.

Sim, eu tinha dificuldades importantes na escrita, mas eu adorava escrever e tentava ler muito para aprender como fazer. Sentar e escrever a dissertação de mestrado era entrar no furacão da ansiedade, a imagem brava da professora me vinha à mente, absolutamente nítida. Eu parecia uma criança com medo, ansiosa e apavorada. Era sofrido demais, mas se não tivesse sido aquela professora, uma francesa de sangue quente, eu não teria enfrentado minhas dificuldades e, melhor, persistido. Foram pelo menos dois anos que lancei mão de toda minha tolerância, paciência e determinação no intuito de melhorar minha escrita.

Ali aprendi rapidamente sobre ansiedade e sobre o que significa ter uma relação amistosa com as dificuldades.

Outro grande mestre tem sido o Dr. Sérvulo Figueira, psicanalista, que inclusive aceitou prefaciar meu livro, uma imensa honra! Muito tenho a agradecer-lhe. Ele sempre foi um interlocutor presente e disponível. São quase quarenta anos de diálogos, reflexões, orientações e mentorias sobre assuntos do universo da psicanálise, da atividade clínica e de tudo que cerca o mundo da alma humana. O Dr. Sérvulo é um dos sujeitos mais genuínos no seu exercício de liberdade.

Ao contrário da professora "carrasca", ele sempre leu tudo o que eu escrevi, apontando, com exigência, o que eu precisava melhorar, mas sem criar qualquer situação de temor.

Uma grande mestra para quem também envio meu agradecimento é a Profª. Dra. Rosa Macedo, minha orientadora da época de doutorado, uma mestra corajosa e livre, que não me causava temor. Com ela a minha escrita fluía, seguia adiante. Sempre dizia: "Escreva, solte a mão, depois a gente vê o que faz. O português se corrige. As ideias são suas maiores riquezas, não as perca". Ah, que liberdade!

Mais um importante agradecimento é para minha colega de profissão e amiga Sanny Zolla. Ela esteve comigo bem no início da construção do livro, auxiliando-me com diversas pesquisas sobre o tema da ansiedade. Sua dedicação e parceria foram fundamentais.

E, por fim, agradeço a minha revisora de plantão Bibi Fiuza, que limpa, organiza e deixa meus textos mais claros. Uma pessoa incrível, além de uma grande poeta que sabe tecer os mais lindos poemas e textos numa dança impecável com as palavras.

O bom mestre não intimida seu aprendiz, pelo contrário: ele o prepara para que tenha musculatura mental para criar seu próprio estilo de fazer; encare as limitações sem que elas o impeçam de caminhar; e saiba assumir seu estilo e agir na direção que pretenda. O bom mestre liberta por meio do conhecimento.

Essas foram as principais pessoas que influenciaram minha paixão por estudar e escrever. Escrever é uma prática solitária que toma tempo e, no meu caso, requer de mim uma presença emocional. De um jeito ou de outro, tudo que escrevo me revela.

Quando escrevo, busco a melhor maneira de me comunicar com pessoas comuns de muitos lugares. Pretendo ser útil, oferecendo o que pude aprender em tantos anos de prática. Quem sabe minha escrita ajuda, instiga o pensar e inspira transformações?

Seguindo nos meus agradecimentos, salto para minha vida pessoal e agradeço com todo o meu coração ao meu parceiro Newton Rocha. Sem ele não poderia ter tido tantos privilégios de estudar o quanto quisesse sem que a pressa do trabalho me atrapalhasse. Newton é aquele que pacientemente me ouve, observa e incentiva. Ele me acalma, tem uma visão positiva e simples da vida que me abre um horizonte de possibilidades. Um homem comprometido com a vida e com seus propósitos, por quem tenho o mais forte amor e uma imensa admiração. Temos escrito a quatro mãos um livro cheio de desafios, alegrias e realizações das quais nos orgulhamos muito.

As minhas filhas Carol, Gabi e Mica, todas são fontes dos meus aprendizados como mãe e como mulher. Cada uma tem um lugar especial e vitalício na minha história. Sou absolutamente grata por tê-las como filhas e por tudo que sempre pudemos viver juntas. Fiquei muito feliz que toparam escrever na orelha do livro e por ver como escrevem fácil e bem! Minhas filhas foram os livros mais desafiadores e instigantes que escrevi e ainda escrevo. Hoje quando as vejo sinto um calor bom no meu coração por ter dado a elas o melhor de mim e por elas terem se transformado em mulheres com caminhos próprios e fundados em bons valores.

Agradeço aos meus pais, Lanfranco e Lucimar, por terem me ensinado a não olhar o mundo de um só modo e ter tolerância com os meus erros e equívocos, transformando tudo em experiência de vida. A eles agradeço terem me permitido conhecê-los mais de perto e nunca terem se disfarçado de pais "perfeitos". Suas imperfeições abriram caminho para que eu pudesse lidar com as minhas. Foram as pessoas que me ensinaram o valor real da fé a despeito de qualquer dificuldade. São meus mestres, eternamente!

Um especial agradecimento aos meus pacientes e aos meus companheiros das redes sociais, ambiente ao qual fui introduzida pela minha filha Mica. Aliás, tive a oportunidade de escrever este livro por indicação dela. Mica, com seu espírito corajoso e empreendedor, me carregou junto dela e me mostrou que eu poderia ser útil num outro formato para fazer o meu trabalho.

Aqui vai também um agradecimento ao Dr. Alexandre Azevedo, que cuidou do meu sono não poucas vezes atravessado pela ansiedade que precisava ser escrita. Conversar com ele é sempre uma lição de vida e de conhecimento que ele traz na sua bagagem.

Agradeço, antecipadamente, a você que se interessou em ler este livro que agora deixa de ser meu para ser seu, leitor(a).

Recebam todos o meu abraço forte.

Blenda Marcelletti de Oliveira

REFERÊNCIAS

BAUMAN, Zygmunt. *Modernidade líquida*. Rio de Janeiro: Jorge Zahar, 2001.

BAUMAN, Zygmunt. *Amor líquido*. Rio de Janeiro: Jorge Zahar, 2004.

BAUMAN, Zygmunt. Zygmunt Bauman: "Estamos constantemente correndo atrás. O que ninguém sabe é correndo atrás de quê". [Entrevista cedida a] Karla Monteiro. *Extra*. Rio de Janeiro, 26 abr. 2009. Disponível em: https://extra.globo.com/noticias/saude-e-ciencia/zigmunt-bauman-estamos-constantemente-correndo-atras-que-ninguem-sabe-correndo-atras-de-que-273321.html#:~:text=Mas%20a%20experi%C3%AAncia%20da%20passagem,sociedade%20em%20que%20estamos%20inseridos.&text=E%20o%20tempo%20linear%2C%20que,essa%20ideia%20de%20modernidade%2C%20progresso. Acesso em: 22 fev. 2022.

BEAUVOIR, Simone de. *A velhice*. Rio de Janeiro: Nova Fronteira, 2018.

CARIDADE, Amparo. *Caminhos e Caminhantes*. Recife: Editora Bagaço, 2004.

CASOS de DST dobram entre idosos nos últimos 10 anos. *Veja*, 3 fev. 2012. Disponível em: https://veja.abril.com.br/saude/casos-dedst-dobram-entre-idosos-nos-ultimos-10-anos/. Acesso em: 22 fev. 2022.

DARWIN, Charles. *A expressão das emoções no homem e nos animais*. São Paulo: Companhia das Letras, 2009.

ENVELHECIMENTO populacional. Mundo Educação, [2022]. Disponível em: https://mundoeducacao.uol.com.br/geografia/envelhecimento-demografico.htm. Acesso em: 22 fev. 2022.

EPICURO. *Cartas e Máximas principais*. São Paulo: Penguin, 2021.

FIGUEIRA, Sérvulo. *Uma nova família?:* o moderno e o arcaico na família de classe média brasileira. Rio de Janeiro: Jorge Zahar, 1987.

GIBRAN, Khalil. *O Profeta*. São Paulo: Planeta Brasil, 2019.

GIDDENS, Anthony. *As consequências da modernidade*. São Paulo: Editora Unesp, 1990.

HAN, Byung-Chul. *A sociedade do cansaço*. Rio de Janeiro: Editora Vozes, 2017.

HARARI, Yuval Noah. *Sapiens*: uma breve história da humanidade. Porto Alegre: LP&M, 2015.

LAPLANCHE, Jean; PONTALIS, Jean-Bertrand Lefebvre. *Vocabulário da psicanálise*. São Paulo: Martins Fontes, 2016.

LIPOVETSKY, Gilles. *O império do efêmero*. São Paulo: Companhia de Bolso, 2009.

MASI, Domenico de. *O ócio criativo*. Rio de Janeiro: Sextante, 2001.

O HOMEM perante a natureza, Blaise Pascal. [*S. l.: s. n.*], 2020. 1 vídeo (22min44). Publicado pelo canal Audiolivros poderosos". Disponível em: https://www.youtube.com/watch?v=9Mo45dWJD-Y. Acesso em: 22 fev. 2022.

PONDÉ, Luiz Felipe. *Você é ansioso?*: reflexões contra o medo. São Paulo: Planeta, 2020.

QUINODOZ, Jean-Michel. *Ler Freud:* Guia de leitura da obra de S. Freud. Porto Alegre: Artmed, 2007.

SALECL, Renata. *A ansiedade*. São Leopoldo: Editora Unisinos, 2005.

SÊNECA. *Sobre a brevidade da vida*. Porto Alegre: LP&M, 2006.

SUPERINTERESSANTE. São Paulo: Grupo Abril, n. 399, fev. 2019.

Este livro foi publicado em abril de 2022 pela Editora Nacional.
Impressão e acabamento pela Gráfica Corprint.